Eva Zimmer

Eva´s Book of LOVE

*Was Mädchen über Liebe und Sex wissen wollen
und wovon Jungs (fast) keine Ahnung haben*

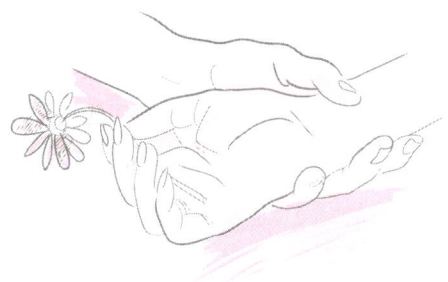

Für Anna

Teil I

Teil II

Teil II (Fortsetzung)

Teil I

Von Mädchen, Jungs & Liebe machen

DO IT YOURSELF – DIE LUST AUF DICH SELBST

Heiße Gefühle, wilde Fantasien, intimste Wünsche und Geheimnisse ...
Das hört sich nach einem sexy Abenteuer an. Um es zu erleben, brauchst du
keinen Jungen. Gar nicht nötig: Do it yourself!

SELBSTBEFRIEDIGUNG:
Die Facts

Seinen eigenen Körper mit viel Fingerspitzengefühl zu erforschen, dabei viel Neues über sich zu erfahren, **Spaß und Lust zu erleben,** das ist Selbstbefriedigung, auch onanieren oder speziell bei Mädchen masturbieren genannt. Jedes Girl entscheidet, **wann, wo, wie, wie oft** und ob es sich überhaupt selbst befriedigen möchte. Hast du Lust darauf – okay. Hast du keinen Bock dazu – genauso in Ordnung!

NERVENKITZEL
Streicheltraining

Jeder Millimeter deiner Haut ist mit Nervenzellen versorgt. **Sie sind sehr sensibel** – an manchen Stellen sogar extrem empfindsam.

Stell dir vor: Dein Körper ist wie eine riesige Landkarte, auf der **tausende von Straßen** sind – eben die Nervenbahnen. Fährst du mit deinen Fingern darüber, checkst du ziemlich schnell, wo du deine Berührungen am heftigsten spürst. **Mit geschlossenen Augen** geht das meistens noch besser. Weil jedes Mädchen anders drauf ist, ist es spannend herauszubekommen, wo genau bei dir das ganz besondere Kribbeln, das Gänsehautfeeling passiert.

Willst du´s wissen? Dann probier es einfach mal aus! Wichtig ist nur, dass du Lust dazu hast, dass du dir Zeit nimmst und auch, dass du ungestört bist. Machst du das öfter, werden dir dein eigener Körper und deine Lust immer vertrauter.

HOTSPOTS:

Dort prickelt´s!

Die Top Ten der **mega-empfindsa-men Stellen** (auch erogene Zonen genannt) des weiblichen Körpers sind: Mund, Ohren, Nacken, Hals, Busen, Brustwarzen, Bauch, Innen-seite der Schenkel, Schamlippen und die Nummer eins, der Kitzler (auch Klitoris genannt). Er sieht aus wie eine rote Erbse. **Und so findest du ihn:**

Fahr mit deinem Zeige- oder Mittelfinger vom Nabel aus gerade runter, über deine Schambehaa-rung und noch ein klein wenig weiter ... Da wo die Scheide beginnt, ganz am Anfang ist das **kleine Lustkügelchen.**

AUF TOUREN KOMMEN!

Aber wie?

Es gibt keinen Knopf, den du drücken kannst, und schon sausen die **Lustwellen von selbst** durch deinen Körper. Sorry, so easy ist das nicht! Sexuelle Lust entsteht zuerst im Kopf. Nur wenn er frei ist, kann dein erotisches Kopfkino starten. **Zoff, Stress oder Probleme** sind allerdings Lustkiller. Wenn du dich dann streichelst, kann´s mit den Lustgefühlen leicht floppen. Am besten bist du also voll entspannt und dein Kopf ist frei. Dann kom-men die **Lustsignale vom Kopf** störungsfrei bei deiner Scheide an. **Und du wirst feucht.** Das zeigt dir, dass du erregt bist.

So kurbelst du deine sexuelle Fantasie an:

Schließe deine Augen, denk an einen Jungen, der dir besonders gefällt (Lieblingsstar, Schwarm), dann stell dir vor, er macht es bei dir.

❤ Lies eine erotische Stelle in einem Roman. Stell dir vor, du wärst das Mädchen aus der Geschichte, die von ihrem Lover angemacht und verführt wird.

❤ Der Kribbel-Kick kommt auch, wenn du dir einen sexy Posterboy anguckst. Sein sinn-licher Blick und sein »Six-Pack«-Bauch.

Da kommt man schon mal auf andere Gedanken.

❤ Liebesszenen aus einem Film können dich auch heißmachen. Hast du welche im Kino oder Fernsehen gesehen? Hol sie dir zurück aus deiner Erinnerung.

❤ Wichtig ist, dass du dich nicht bremst! In deinen Gedanken ist alles erlaubt, auch das, was du in Wirklichkeit vielleicht nie tun würdest.

WOW:
Die Fantasie ist voll am Start!
An Matheformeln oder an Englischvokabeln denken und sich dann selbst befriedigen – **vergiss es!** So funktioniert das meistens nicht. Doch bei erotischen Gedanken ... **Pass auf!** Da läuft es dir wie Ameisen den Rücken rauf und runter.

AUFREGEND:
Das Spiel mit den Fingern!
Busen, Brustwarzen, Schamlippen und Kitzler sind die **Favoriten**, wenn du im Streichelfieber bist.

Wenn du deinen Busen berührst und deine Brustwarzen massierst, kannst du sehen, dass deine **Nippel sich aufrichten** und hart werden. Das ist ein Zeichen von sexueller Erregung. Die meisten Mädchen streicheln bei der **Selbstbefriedigung** am liebsten ihren Kitzler.

ALLES ERLAUBT?
Teste, wie´s dir Spaß macht!
Die meisten Mädchen liegen auf dem Rücken, wenn sie onanieren. Aber warum nicht mal die Position

Noch mehr kleine Tricks: So geht's mit den Fingern

❤ Experimentier mit deinen Fingern. Kreise zum Beispiel mit einem oder mehreren Fingern oben am Kitzler. Lass den Kitzler zwischen Daumen und Mittelfinger rollen oder verwöhn ihn nur mit dem Zeigefinger. Nur keine Scheu! Du darfst das tun. Mach das Streicheln auch mal schneller oder langsamer, drück mal fester oder sanfter. So, wie du es am liebsten hast, ist es für dich richtig. Eine ganz genaue Streichelanleitung gibt es nicht. Aber die ist auch gar nicht notwendig! Schließlich kannst du locker selbst entscheiden, was dir Spaß macht, oder?

❤ Ist dein Kitzler zu empfindlich, kann es schon fast unangenehm sein, wenn du ihn berührst. Dann kannst du auch die Haut um den Kitzler herum berühren, streicheln und massieren. Du siehst – alles gar kein Problem!

❤ Spann deine Pomuskeln an und lass wieder locker. Bewege dein Becken auf- und abwärts. Öffne und schließe deine Beine. Streichle, während du mit der einen Hand deinen Kitzler massierst, gleichzeitig deine Brüste und Brustwarzen. So bringst du deinen Körper noch mehr zum Einsatz.

❤ Befeuchte deine Finger mit Spucke oder Bodylotion, dann entsteht keine unangenehme Reibung am empfindlichen Kitzler.

ändern? Leg dich auf den Bauch, auf die eine oder andere Seite, oder wie wär`s im Stehen oder Sitzen? **Du kannst dich dabei** sogar im Spiegel betrachten. Probier vieles aus! So findest du deine **Lieblingsposition.**

☞ **Teste, ob du leichter auf Touren kommst,** wenn du die Beine weit gespreizt hast, oder ob es für dich lustvoller ist, wenn du deine Oberschenkel ganz fest zusammendrückst.

☞ **Wer weiß:** Vielleicht gefällt es dir auch besonders gut, wenn du dich im warmen Badewasser stimulierst oder auch unter der Dusche. Massierst du mit dem warmen Wasserstrahl deine Klitoris, kann das sehr erregend sein. Nur Vorsicht: Mit dem Duschstrahl bitte nicht zu nah an oder in die Scheide!

☞ **Es gibt einige Mädchen,** die streicheln nicht ihren Kitzler, sondern liegen auf dem Bauch und drücken ihren Venushügel (dort, wo die Schamhärchen sind) ganz fest gegen die Matratze. Andere pressen ein Kissen zwischen ihren Oberschenkeln.

☞ **Und willst du** mit dem Finger in die Scheide gehen, ist das voll okay! Oder du bearbeitest mit der einen Hand den Kitzler, während du mit einem Finger der anderen in die Scheide rein- und rausgehst. Auch diese Kombi kann dich bei der Selbstbefriedigung sexuell antörnen.

☞ **Es kann auch sein,** dass du einen erotischen Traum hast, mitten in der Nacht davon aufwachst und Lust hast, dich selbst zu streicheln. Wunderbar, das macht Spaß. Das solltest du dir nicht verbieten!

☞ **Also noch einmal:** Selbstbefriedigung ist wie ein Abenteuer, das du mit allen Sinnen erleben kannst. Je mehr Erfahrung du sammelst, desto mutiger wirst du, neue Experimente zu machen.

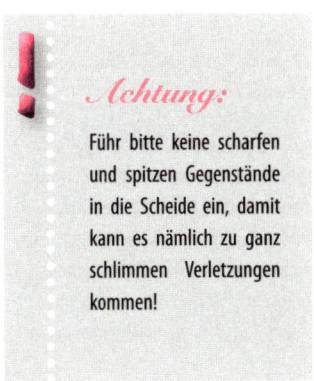

Achtung:

Führ bitte keine scharfen und spitzen Gegenstände in die Scheide ein, damit kann es nämlich zu ganz schlimmen Verletzungen kommen!

ORGASMUS:
Rausch der Gefühle

Eins vorab: Bei der Selbstbefriedigung geht es nicht nur darum, **einen Orgasmus** zu bekommen. Wenn du deinen Körper anfasst, berührst oder streichelst ... Dann bist du liebevoll und zärtlich zu dir selbst. Du lernst dich, deinen Körper, deine **Fantasien, Gefühle und Wünsche** besser kennen. Dein Body ist dann kein Fremdkörper mehr. Mit der Zeit vertraust du ihm und dir. Dann fällt es dir auch leichter, dich fallen zu lassen und einen Orgasmus zu erleben. Kommst du also noch nicht zum Höhepunkt, ist das **echt nicht schlimm.** Selbstbefriedigung macht auch »ohne« Spaß.

WAS FÜR EIN GEFÜHL:
»Ich komme!«

Der Orgasmus ist ein intensives Muskelspiel. Die Muskeln in deinem Beckenboden, **auch Liebesmuskeln genannt,** ziehen sich rhythmisch zusammen. Einfach so, ohne dass du was dazu tust. Das kann 3 bis 15 Mal sein. Wie oft sich deine Liebesmuskeln zusammenziehen, hat jedoch nichts damit zu tun, wie intensiv **der Orgasmus** ist. Ein ganz kurzer Höhepunkt (3 bis 5 Mal Zusammenziehen) kann also der Himmel auf Erden sein. Und ein langer (10 bis 15 Mal Zusammenziehen) ist nicht automatisch die Sensation. **Jedes Mädchen** erlebt den Orgasmus anders und immer wieder neu. Niemand ist auf nur ein

---

Wichtig: Selbstbefriedigung ist kein Formel-1-Rennen, bei dem der Erste immer der Gewinner ist!

❤ Nimm dir Zeit! Um zum Höhepunkt zu kommen, kann es dauern, auch mehr als 20 Minuten. Lass dich deshalb nicht verunsichern, wenn Freundinnen sagen, sie »kommen« schon nach ein paar Minuten. Na und?

❤ Merkst du, dass du stark erregt bist, dann bleib bei deiner Streicheltechnik. Schließ am besten die Augen und konzentrier dich auf das Gefühl zwischen deinen Beinen.

❤ Atme tief, stöhne laut, wenn du willst, stell dir vor, dass dein Freund oder Schwarm bei dir im Bett liegt, dich leidenschaftlich begehrt und Sex mit dir hat ...

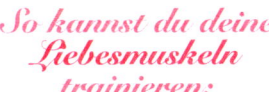

So kannst du deine Liebesmuskeln trainieren:

❤ Mit etwas Übung geht's ganz easy. Sitzt du auf der Toilette, versuche den Urinstrahl zu stoppen. So aktivierst du deine Liebesmuskeln. Weißt du einmal, wie das geht, kannst du dieses spezielle Muskeltraining jederzeit und überall machen. Wenn du darauf achtest, spürst du dabei ein sanftes Kribbeln in deinem Bauch, das sich bis zu den Ohrläppchen hochziehen kann.

BLOSS KEIN SCHLECHTES GEWISSEN:
Mach es dir!

Denk bloß nicht, du machst was **Schlimmes oder Verbotenes,** wenn du dich selbst befriedigst! Onanieren ist auch erlaubt, wenn du einen Freund hast. Damit betrügst du ihn nicht, gehst auch nicht fremd. **Mit wem auch?** Es ist doch kein anderer Typ dabei, wenn du dich streichelst. Na also! Deshalb musst du auch nichts beichten. Es darf **DEIN süßes Geheimnis** bleiben.

bestimmtes Orgasmusprogramm eingestellt. **Da gibt es viele Möglichkeiten:** Die Gefühle können explosiv und ekstatisch sein, aber auch ruhig und sanft schwingen. Alles ist möglich!

Die meisten Girls wissen, wenn sie zum **ersten Mal** einen Orgasmus haben. Es ist eine einzigartige Erfahrung. Außerdem kannst du das auch spüren: Wenn du deinen Finger an den Kitzler drückst, kannst du das Zucken der Liebesmuskeln spüren. Übrigens: Die meisten Mädchen erleben ihren ersten Orgasmus bei der Selbstbefriedigung.

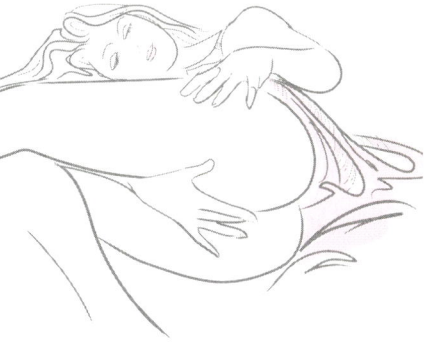

HALLO! WIE MACHT IHR ES EUCH, JUNGS?

Jungs tun es! Sogar ziemlich oft. Sie spielen mit ihrem »Ding«.
Was da so abgeht, ist gar nicht so geheimnisvoll, wie Jungs Mädchen
gegenüber immer tun.

WIE ALLES BEGINNT

In der Pubertät, so mit 12, 13 Jahren wird den Jungs klar: Das Ding, das da zwischen ihren Beinen baumelt, hat nicht nur was mit Pinkeln zu tun. Es hängt nicht nur weich und schlapp herunter. Nein! Es kann sich aufrichten, steif werden und es spritzt, wenn man es streichelt, reibt und rubbelt. Verantwortlich, dass die Zündschnur dieser »Sexbombe« irgendwann gezündet wird, sind die männlichen Hormone. **Das Eigenleben ihres Penis** versetzt die Jungen in höchste Auf- bzw. Erregung. Aber es verunsichert sie auch, vor allem wenn's zum ersten Mal passiert. Trotzdem: So fasziniert hat sie vorher noch nichts. Keine Frage: Das kleine Wunder, das mit ihrem Körper passiert, wenn sie mit ihrem »kleinen Freund« spielen, das möchten die **Jungs immer wieder** erleben – am liebsten sooft wie möglich! 93 Prozent der 17-jährigen Jungs onanieren regelmäßig, Manche sogar bis zu zehnmal am Tag.

TOP SECRET?
Yes or no?

Ihr männliches Geschlechtsteil verbindet die Jungs. Und es ist auch kein Geheimnis, dass die »Penisträger« sich gegenseitig beim Duschen nach dem Sportunterricht oder wenn sie in Reih und Glied an den Pinkelbecken stehen, beobachten. Ist doch interessant, was bei den anderen Typen **unten rum los ist.** Schließlich schadet es ja nicht, irgendwelche Vergleichsmaße im Kopf zu haben. Und mit d**en besten Freunden** redet man(n) natürlich auch übers Onanieren. Logisch – das ist doch kein Tabu unter Männern. Bei Mädchen allerdings machen Jungs bei diesem Thema selten den Mund auf. Okay! Das muss ja auch nicht wirklich sein. **Welches Girl** hat schon Lust, zu erleben, dass ein Typ ins Stottern kommt, einen knallroten Kopf kriegt oder ihm der letzte Schluck Cola aus dem Mund spritzt bei der Frage: Wie machst du's dir eigentlich?

Wie's geht, entdecken die meisten Jungs fast **zufällig oder instinktiv.** Andere lassen sich auch vom Freund oder Bruder Tipps geben. Auf jeden Fall ist eines klar: Er und sein Ding finden irgendwann zusammen und haben Spaß.

SEIN PENIS UND SEINE HAND
– eine lustvolle Kombi!

Hast du schon mal gesehen, dass sich Mädchen einfach so auf dem Schulhof oder an der Bushaltestelle an den Busen oder sonst wo an intimen Stellen berühren? Nein. **Doch Jungs tun's!** Zwischen ihren Händen und ihrem Geschlechtsteil gibt es wohl eine magische Anziehungskraft. Wahrscheinlich wollen sie damit unmissverständlich deutlich machen: **Ich bin ein Mann!** Der Griff zu ihrem Ding passiert fast unbewusst. Es hat in diesem Moment auch gar nichts mit Sexualität zu tun. Anders ist das bei der Selbstbefriedigung.

Alles voll im Griff?
So macht er sich an seinen »kleinen Freund« ran …

❤ **Er schließt die Finger um den Penis** und lässt die Hand auf- und abgleiten. Das sieht ein bisschen so wie eine hüpfende Faust aus.

Wo an seinem Glied die empfindlichsten Stellen sind? Er spürt es genau! Es sind die Eichel (=Penisspitze) und der Eichelrand (da, wo die Eichel am dicksten ist). Ist der Junge nicht beschnitten, zieht er beim Onanieren meistens die Vorhaut ganz über die Eichel und wieder zurück. So wird seine höchst sensible Penisspitze nicht überreizt. Das kann nämlich ziemlich unangenehm sein. Übrigens auch, wenn ein Mädchen sie mit den Fingern berührt.

Je erregter der Junge ist, desto mehr Tempo macht er normalerweise. Dann werden seine Auf- und Abbewegungen immer schneller. Das fühlt sich dann ziemlich »geil« an. Deshalb stöhnt er häufig dabei.

❤ **Es gibt Typen,** die finden es besser, wenn es flutscht. Sie verwenden dann bei der Selbstbefriedigung etwas Spucke oder Gleitmittel. Andere mögen's lieber »trocken«.

MEHR FINGERTECHNIK:

Er hat es in der Hand!

Auf und Ab, Tempo machen und ab geht die Lust. Manchmal ist das **Standardprogramm** doch zu langweilig. Soll´s etwas abwechslungsreicher und raffinierter sein? Warum nicht! Man(n) kann doch auch ein wenig experimentieren. Die Hand besteht doch aus mehreren Fingern. Damit kann man doch was anstellen.

Aufgepasst! So kann der Daumen bei der Selbstbefriedigung mal nach oben oder nach unten zeigen.

Warum auch nicht mal testen, wie es sich mit nur drei Fingern (Zeigefinger, Mittelfinger, Daumen) anfühlt anstatt mit der ganzen Hand.

Da Jungs keine einarmigen Banditen sind, sondern **zwei Hände** haben, können sie abwechselnd mit der rechten, dann mit der linken Hand von unten (der Peniswurzel) nach oben (der Penisspitze) fahren. Das sieht dann ein bisschen so wie melken aus. Aber wenn´s Spaß macht ...

Man(n) muss den Penis auch nicht so fest in der Hand halten wie den **Schaltknüppel eines Autos**. Etwas lockerer und entspannter geht's auch. Etwas den Druck vom »Gerät« zu nehmen, kann ein **angenehmes Körper-Kribbeln** verursachen.

Übrigens: Bei ihm dreht sich nicht alles nur um den Penis. Jungs haben auch noch andere erogene Zonen. Nicht zu vergessen: seine Brustwarzen, seine Hoden, sein After, seine Schenkel, sein Damm (er befindet sich zwischen Hoden und Po-Öffnung). Auch diese Stellen zu berühren, zu streicheln oder zu massieren sollte der Junge mal testen.

PRICKELNDE WASSERSPIELE:

Ist er ein Schaumschläger?

Jungs werden nicht nur unter der Bettdecke, auf dem Schreibtischstuhl zu Hause, am Strand unterm Sternenhimmel, im Wald an eine Tanne gelehnt oder auf der Toilette selbst aktiv. **Das Badezimmer** ist ein Ort, wo sie besonders gerne mit ihrem Ding spielen. Dort sind sie nämlich sowieso **schon nackt** und können schnell Kontakt zu ihrem Lieblingsspielzeug aufnehmen. Dabei kann man sich auch noch im Spiegel betrachten. – Wow! Und überhaupt: Wasser ist weich, warm und prickelnd. Wer da nicht auf so **verrückte, erotische** Gedanken kommt, ist selber schuld. Also warum nicht mal den **Dusch-kopf** in die Hand nehmen und den Penis mit dem sanften, warmen Wasserstrahl verwöhnen? Oder wie wär´s damit: IHN so richtig einseifen. Durch dieses **Clea-ning-Programm** wird der Penis nicht nur sauber, sondern ...

Übrigens: Kaltes Wasser dient eher der Abschreckung und setzt seinen kleinen Freund so unter Schock, dass er sich gleich hinter der Vorhaut versteckt.

HÄNDE HOCH!
Es funktioniert auch ohne ...

Wie? Ganz einfach! Liegt der Junge im Bett auf dem Bauch, kann er seinen **Penis gegen die Matratze** oder die weiche Bettdecke drücken und nur sein Becken auf- und ab-bewegen. Oder er presst ein Kissen zwischen seine Beine. So kann er **Stoßbewegungen** wie beim Geschlechtsverkehr machen.

GEHT ES NUR UM HEISSE KURVEN?
Alles, was ihn scharf-macht

Jungs haben eine blühende **sexuelle Fantasie.** Es gelingt ihnen ziemlich easy, ihr erotisches Kopf-kino anzukurbeln. Meistens spielen natürlich ihre Traumfrauen, von der Freundin bis zum Hollywood-Sternchen, die Hauptrolle. Aber auch **heiße Sprüche,** geile Düfte, erotische Fotos, sexy Fummel, rhythmischer Hüftschwung und und und.
Es gibt vieles, was sie **auf Touren** bringt. Doch das verraten sie den Mädchen nicht oder nur ganz selten. Also sind Fragen danach ziemlich sinnlos. Aber ein paar

kleine Geheimnisse sollen die Typen ruhig haben. Das ist voll okay. Und eifersüchtig auf irgendwelche Männerfantasien zu sein, das bringt echt nichts! Schließlich verraten Mädchen auch nicht alles. Zum Glück!

MIT STOPPS ODER MIT VOLLGAS:
So kommt er ans Ziel

Beim Onanieren lernt der Junge, was ihm gefällt und wie er **seine Sexpower** steigern kann. Aber auch, wie er den Orgasmus hinauszögern kann, z. B. indem er mit zwei Fingern seine Eichel drückt oder seinen **Hoden nach unten** zieht. Das alles kann er üben und die kleinen Tricks irgendwann beim Sex mit seiner Freundin anwenden.

Um zum Höhepunkt zu kommen, machen die meisten Jungs **Tempo**, das heißt: Sie beschleunigen ihre Handbewegungen. Ist die **höchste Erregungsphase** erreicht, geht der Puls nach oben, das Herz schlägt rekordverdächtig, die Hoden ziehen sich an den Körper ran, die Eichel schwillt an. Im Innern des Körpers (in der Prostata) machen sich **Samenzellen und Samenflüssigkeit** bereit. Nur noch wenige

Sekunden, dann schießt explosionsartig die Samenflüssigkeit aus dem Penis – und immerhin sind das bis zu fast 30 Zentimeter weit (wissenschaftlich gemessen ganz genau 29,7 Zentimeter).
Ganz schön (weit), oder?

Aus dem Wortschatzkästchen

Der Fachausdruck für Selbstbefriedigung beim Mann heißt **Masturbation.** Das klingt ziemlich steril. Jungs haben dafür viel fantasievollere Bezeichnungen. Hier die Top Ten:

- ☛ Die Banane schälen
- ☛ Den Pinsel schwingen
- ☛ Den Stift spitzen
- ☛ Mit der Nudel spielen
- ☛ Die Zapfsäule knödeln
- ☛ Den Drachen melken
- ☛ Einhändig Fahrstuhl fahren
- ☛ Fünf-Finger-Olympiade
- ☛ Sich ins Fäustchen lachen
- ☛ Rubbeldidupp

ES FUNKT! WAS KANN ICH DAFÜR, WENN ICH MICH VERLIEBE!?

Es ist passiert. Plötzlich triffst du ihn, deinen Traumboy, und denkst: »Wow!« Es ist nicht nur sein tolles Aussehen, sondern noch was ganz anderes warum du so verrückt nach ihm bist. Wissenschaftler haben bewiesen, da geht noch was ganz anderes in dir vor.

SCHON VERRÜCKT:
Die ersten vier Minuten entscheiden!

Kaum zu glauben, aber wahr. Wenn sich ein **Mädchen und ein Junge** treffen, sind die ersten vier Minuten die entscheidendsten.

Es ist wie bei einem Sender und Empfänger. **Signale** werden abgesendet, z. B. einer von beiden macht eine bestimmte Bewegung oder sendet einen besonderen Blick. Nimmt der andere die Flirtsignale auf und macht dann einfach mit, fast so als wären sie Zwillinge, sind sie auf einer Wellenlinie. Wenn nicht, läuft der Flirtversuch ins Leere. Der Funke will einfach nicht so recht überspringen, weil eben irgendwie etwas fehlt.

Der Annäherungsversuch wird dann abgebrochen oder eventuell auf einen späteren Zeitpunkt verschoben.

STIMMT DIE CHEMIE?

Ein flüchtiger Augenblick, eine Geste, eine besondere Stimmung – und **die Leidenschaft** erwacht. Die positiven Flirt- bzw. Liebessignale bringen die **Biochemie** der Liebe voll in Schwung. Dein Puls steigt. Erscheint nämlich dein Schwarm auf der Bildfläche, passiert Folgendes:

Die Lustzentren in deinem Gehirn setzen **Liebesstoffe** frei. Und das sogenannte limbische System in deinem Kopf, das für Traurigkeit verantwortlich ist, wird voll ausgeschaltet. Körpereigene Drogen (Dopamin und Endorphine) machen dich euphorisch und **total happy**. Du bist sozusagen gepowert by Love, hast Schmetterlinge im Bauch und dein Herz schlägt wilde Purzelbäume.

Ganz klare Sache: **Dich hat's voll erwischt!**

DUFTET ES NACH LIEBE?

Wer weiß? Pheromone, das sind Sexuallockstoffe, wirken so **wie kleine Liebespfeile,** die der Junge auf das Mädchen abschießt oder umgekehrt. Du nimmst sie gar nicht so richtig wahr, denn diese **ganz kleinen Duftmoleküle** gehen direkt ins Gehirn. Kannst du ihn gut riechen, suchst du fast automatisch seine Nähe. Umgekehrt funktioniert das genauso. Gibst du die richtigen Duftstoffe ab, lockst du den Jungen an. Wenn beide sich gut riechen können, **dann stimmt die Chemie.** Klappt das nicht, kannst du ihn oder er dich nicht riechen, ist die Sache eigentlich klar. Das ist fast so wie bei einem Parfum. Einige **Duft-Kombis** passen voll zu dir, bei anderen rümpfst du die Nase. Sorry, aber da funkt's dann einfach nicht!

Drei Phasen zum Liebesglück: Hormone bringen

1. **Die Lust:** Es wäre toll, wenn du dich fast in jeden Jungen verlieben könntest. Aber so ist das nicht. Es muss schon der Richtige sein. Der Grund: Ohne dass du es richtig checkst, möchtest du gern denjenigen Jungen, der auch wirklich zu dir passt. Das heißt: Mit dem du ein Dreamteam bildest. Auch wenn das überhaupt noch nicht angesagt ist, hat es trotzdem was mit Fortpflanzung zu tun. Das ist von der Natur so eingerichtet. Dieser Wunsch ist irgendwie angeboren.

Du hast Lust, weil in deinem Gehirn Sexualhormone produziert werden. Das sind weibliche Hormone (Östrogene) und männliche Hormone (Testosteron). Je mehr Testosteron in deinem Körper ausgeschüttet wird, wenn du einen Jungen siehst, desto größer wird die Lust auf ihn, desto mehr fühlst du dich zu ihm hingezogen. Geht's deinem Schwarm genauso, fällt es schwer, sich voneinander zu trennen. Das ist dann wie eine unsichtbare Schnur, die euch beide verbindet. Existiert der Draht zwischen dir und einem Typ nicht, ist das so, als würde er deine Handynummer anwählen, aber dein Handy ist nicht an oder du drückst ihn einfach weg.

2. **Rausch der Gefühle:** Die Schmetterlinge tanzen in deinem Bauch, du hast keinen Appetit mehr, du kannst nicht mehr schlafen, du denkst nur an ihn, bist total euphorisch, du bist nicht mehr von dieser Welt. Alles ist plötzlich anders, du interessierst dich nur für eins – nämlich für IHN. Aber Hallo: Du bist total verliebt! Schuld daran ist der Botenstoff Dopamin. Er sendet Signale, die im

UNGLÜCKLICH VERLIEBT
Was jetzt?

✏ **Klappt´s nicht so,** wie du dir das vorgestellt hast, kannst du bei deinem Schwarm nicht landen, werden nur bei dir die vielen Liebesstoffe im Körper produziert, ist Liebeskummer angesagt. Und dann? Es gibt ein paar Regeln, die du beachten solltest ...

Touren!

Kopf entstehen, an den ganzen Körper weiter. Das große Kribbeln beginnt, Euphorie und Leidenschaft entstehen. Du bist hot und heiß auf ihn.

3. **Liebe und Treue:** Jetzt entscheidet sich, ob ihr fest zusammenbleiben wollt, ob ihr ein Pärchen werdet. Ob´s länger zwischen euch klappt oder nicht, dafür sind die Hormone Oxytocin und Vasopressin verantwortlich. Vor allem Oxytocin sorgt für Liebe und Treue. Das Hormon wirkt allerdings nicht ewig. Wenn es in deinem Körper nachlässt, zeigt sich, ob ihr wirklich ein Traumteam seid und ob ihr nicht nur körperlich, sondern auch seelisch auf einer Wellenlinie liegt.

☛ **Geduld!** Auch wenn das vielleicht doof für dich klingt. Aber deine Liebeshormone werden nicht ständig weiterproduziert. Der Körper schließt die Lustfabrik im Kopf nach einer gewissen Zeit von selbst. Du denkst immer weniger an ihn und vergisst ihn irgendwann. Eine Besserung des Liebesstresses tritt normalerweise spätestens nach einem halben Jahr ein. Das macht der Körper zu seinem eigenen Schutz. Schließlich willst du doch nicht ständig down sein. Das würde deine Nerven gar nicht aushalten.

☛ **Nicht weiterbaggern!** Versuchst du immer wieder, bei deinem Schwarm zu landen, verlängert das nur deinen Kummer. Schluss damit! Lass dich nicht an der Nase herumführen. Schieß ihn zum Mond, schick ihn in die Wüste! Nur so kann auch dein Körper sich entlieben, indem er keine Liebesstoffe mehr durch dein Blut schießt.

☛ **Check die Lage!** Er ist nicht dein Traumboy. Das zu erkennen, ist nicht einfach, aber wichtig. Ihr passt nicht zusammen, ihr seid leider nicht auf einer Wellenlinie ...

Von Liebe keine Spur! Das solltest du dir immer wieder sagen. So verdrängst du ihn aus deinen Gedanken. Das muss sein, sonst kommst du von deinem selbst gemachten Liebesrausch nicht runter.

☞ **Iss dich glücklich!** Schokolade oder Schokoeis hilft gegen Liebeskummer. Da ist schon ein bisschen was Wahres dran! Schokolade gibt deinem Körper nämlich den Tipp, Serotonin zu produzieren. Das sind Glückshormone. Dann kannst du auch wieder lächeln und steckst deine Nase allmählich aus deinem tiefen Loch heraus. Stehst du nicht auf Süßes: Gute Laune machen auch: reifes Obst, Gemüse (z. B. Tomaten), ein Glas Milch, Nudeln oder Nüsse (z. B. Cashewnuts). Aber auch Sport bringt´s, z. B. Joggen. Da läufst du dem Liebeskummer sozusagen davon.

☞ **Finger weg vom Alkohol!** Gefühle kannst du nicht betäuben. Im Gegenteil: Alkohol verstärkt nur deine Grundstimmung und bei Liebeskummer bist du ja bekanntlich eher down. Willst du in ein noch tieferes Loch fallen? Bestimmt nicht! Also lass das mit dem Trinken oder mit anderen Drogen.

☞ **Treff dich mit Freunden!** Unternimm was mit deiner Clique! Ablenkung ist nämlich die beste Medizin gegen Liebeskummer. So kriegst du die Achterbahn der Gefühle am besten in den Griff. Mit der Hilfe deiner Leute kommst du wieder in Balance. Sitzt du nämlich nur zu Hause, bist du viel anfälliger dafür, verstärkt an den einen Jungen zu denken, in den du dich verliebt hast. Dann baust du dir in Gedanken wieder ein Liebesgerüst auf, das aber voll einsturzgefährdet ist. Es ist ziemlich sinnlos, sich was vorzumachen. So nimmt der Teufelskreis kein Ende. Also such die Gesellschaft von Leuten, die dich toll finden. Es gibt andere Jungs, die auf dich stehen.

WIE IST DAS EIGENTLICH BEIM ERSTEN MAL?

Fragen, die dir durch den Kopf gehen ...

ZU JUNG FÜR'S ERSTE MAL?

Auch wenn du oder deine **gleichaltrigen Freundinnen** sich schon für Jungs interessieren und vielleicht auch **stolz Händchen haltend** mit dem Schwarm durch die Straße ziehen ... Für Sex ist es oft noch zu früh. Warte bis du dir ganz sicher bist. Schließlich ist Sex auch vom Gesetz her frühestens ab 14 Jahren erlaubt.

TUT´S BEIM ERSTEN MAL WEH?

Ein bisschen mulmig ist fast jedem Mädchen vor dem ersten Mal. Das ist ganz normal. Schließlich passiert beim **ersten Mal** etwas, was du vorher noch nie erlebt hast. Doch zu deiner Beruhigung: Für 75 % der Mädchen ist der **erste Geschlechtsverkehr** nicht besonders schmerzhaft, wenn sie bereit dafür sind und sich danach sehnen, mit ihrem **Freund hautnah** zusammen zu sein. Ist die große Lust auf Sex bei dir auch wirklich da, öffnet sich dein Körper und lässt die **neue Erfahrung** ohne Schwierigkeiten zu.

Übrigens: die meisten Mädchen erleben ihr erstes Mal um ihren 16. Geburtstag herum, mit durchschnittlich 15,7 Jahren. Jungs sind mit 16,6 Jahren ein ganz klein wenig später dran.

SOLL ER WISSEN, DASS ICH NOCH JUNGFRAU BIN?

So viel Vertrauen solltest du zu deinem Freund schon haben. Hast du das nicht, ist der Zeitpunkt fürs erste Mal noch nicht ideal. Und überhaupt: Eine **Liebesbeziehung** beginnt doch nicht gleich damit, dass ihr sofort miteinander Geschlechtsverkehr habt. Ihr solltet euch erst mal richtig kennenlernen. Mach den **dritten oder vierten Schritt** nicht vor dem ersten. Das heißt: Küssen, Streicheln, Fummeln, Zärtlichsein und dann erst ist irgendwann auch mehr drin - wenn dir danach ist. Es ist wichtig, dass ihr euch vertraut.

IST ER DER RICHTIGE FÜRS ERSTE MAL?

Da frag am besten dein Herz. Bist du dir noch nicht **hundertpro** sicher, dann warte einfach noch. Je länger du deinen Freund kennst, je mehr du über ihn weißt, je größer **das Gefühl** bei dir ist, dass du ihm vertrauen kannst, desto eher wirst du sagen: Ich kann mir **keinen anderen** Jungen vorstellen, mit dem ich lieber zum ersten Mal schlafen würde.

KRIEGE ICH BEIM ERSTEN MAL EINEN ORGASMUS?

Was du beim ersten Mal erlebst, kann dir vorher niemand sagen. Das ist wie bei einem **Abenteuer,** das man zu zweit startet. Es gibt viele Überraschungen – tolle und auch weniger sensationelle. Doch zu deiner Info: Die meisten Mädchen kriegen beim **ersten Mal** keinen Orgasmus. Dazu ist die Anspannung und Aufregung einfach zu groß. Nur etwa 7 Prozent der Mädchen erleben beim ersten Geschlechtsverkehr einen **sexuellen Höhepunkt.** Das ist echt kein Drama! Ihr müsst ja erst einmal lernen, was, wie und wo es dem anderen gefällt.

Warum klappt's einfach nicht? Dafür kann's zwei Gründe geben:

❶ **Deine Seele spielt noch nicht mit.** Das heißt, du willst einfach noch nicht wirklich mit deinem Freund schlafen. Wenn das so ist, hat das Auswirkungen auf deinen Körper – nämlich: Er blockiert und verhindert so, dass dein Freund in dich eindringen kann. Überleg mal ganz ehrlich, ob das bei dir der Grund sein könnte.

❷ **Du hast ein zu festes Jungfernhäutchen,** das dein Freund nicht durchstoßen kann. Das ist aber kein Problem. Geh mal zum Frauenarzt und lass dich untersuchen. Er kann mit einem kleinen medizinischen Eingriff dein Jungfernhäutchen durchtrennen.

IST SEIN PENIS ZU GROSS FÜR MEINE SCHEIDE?

Diese Frage beschäftigt viele Mädchen. Schließlich hatte man doch schon Bammel, wie das überhaupt mit einem Tampon funktionieren soll. **Doch zu deiner Info:** Deine Scheide ist ein 10 – 15 cm langer Muskelschlauch und extrem dehnbar. Wenn du dir überlegst, dass durch die Scheide sogar ein Baby kommt, dann wirst du verstehen, dass auch der **Penis deines Freundes** darin Platz hat. Ein besseres Gefühl für das Innere deiner Scheide bekommst du, wenn du mit deinen Fingern Selbstbefriedigung machst oder dein Freund **beim Petting** mit seinen Fingern in dich eindringt.

SCHWANGER GLEICH BEIM ERSTEN MAL?

In dem Moment, wo Samenfäden in deine Scheide gelangen, kannst du **schwanger** werden. Und das kann auch beim ersten Mal passieren.

! **Also bitte denkt beide daran: Ohne Verhütung - kein Geschlechtsverkehr!**

Am besten ist: Du gehst, schon bevor du Geschlechtsverkehr hast, zum Frauenarzt und lässt dich **über Verhütungsmittel** informieren. Nimm auch **deinen Freund** zu dem Info-Talk mit! Dann gehört er hoffentlich nicht zu den 25 Prozent der Typen, die denken, Verhütung braucht man(n) nicht und die deshalb keine Kondome verwenden.

HABEN JUNGS VOR IHREM ERSTEN MAL AUCH MUFFENSAUSEN?

Aber hallo! Für sie ist es doch auch eine ganz neue Erfahrung. Und **so cool** sind sie nun auch nicht, obwohl sie das manchmal so rüberbringen. Die meisten Jungs sind sehr **nervös und unsicher** vor dem ersten Mal. Warum auch nicht? Das ist doch ganz normal! Schließlich wissen sie ja auch nicht vorher, ob ihr **kleiner Freund** so funktionieren wird, wie sie es sich wünschen.

BIN ICH SCHLECHT IM BETT?

Jeder fängt irgendwann mal an, seine **ganz persönlichen** Erfahrungen in Sachen Sex zu machen. Und bist du Anfängerin? Na und! Glaubst du denn, dein Schwarm ist **als Sexgott** auf die Welt gekommen? Bestimmt nicht! Also verlang nicht von dir, dass du gleich von Anfang an die **Love-Expertin** bist. Das wäre ungefähr so, als würdest schon vor der ersten Englischlektion als Dolmetscherin arbeiten wollen.

! **Es geht nicht um Technik oder Akrobatik im Bett, es geht um Liebe und Gefühle.**

MACHT ALKOHOL LOCKERER?

Alkohol macht nur scheinbar lockerer, in Wirklichkeit vernebelt er die Sinne und blockiert das Loslassen. **Forschungen** haben bewiesen: Pärchen, die nichts getrunken hatten, konnten ihr erstes Mal viel intensiver genießen. Außerdem: Unter **Alkoholeinfluss** machst du vielleicht etwas, was du später bereuen könntest. Und weil Alkohol auch noch vergesslich macht, wird deshalb oft nicht an Verhütung gedacht.

VORSICHT: WANN DU BESSER NICHT MIT IHM INS BETT GEHST!

»Jungs wollen nur das Eine!« Doch was ist mit dir?
Willst du es auch oder bist du dir noch nicht sicher?
Es gibt Gründe, NEIN zu sagen!

SEX, DAMIT ER ENDLICH DIR GEHÖRT

Klar, der Typ sieht super aus. Dein Herz schlägt **Purzelbäume,** wenn du ihn siehst. Schmetterlinge tanzen in deinem Bauch, wenn du nur **seinen Namen** hörst. Ständig musst du an ihn denken. Das bedeutet, er ist dein **absoluter Schwarm,** du hast dich in ihn verknallt.

Du fragst dich:

- Wie komm ich bloß an den Typen ran?
- Wie kann ich ihn für mich gewinnen?
- Wie wird er mein Freund?
- Krieg ich ihn, wenn ich mit ihm schlafe?

SEX, DAMIT ER GARANTIERT BEI DIR BLEIBT

Ihr seid zusammen. Jedes Date mit ihm ist ein **absolutes Highlight.** Bei jedem Kuss schwebst du auf Wolke sieben. Du bist einfach total happy. Deshalb würdest du auch alles tun, um dieses Glück nicht zu gefährden und ihn **als Freund** zu behalten.

Du fragst dich:

- Bin ich auch wirklich sein Traumgirl?
- Wünscht er sich mehr als Treffs, Händchenhalten und Küssen?
- Ist es nicht so, dass Jungs, also auch er, nur mit einem Mädchen länger zusammen sein wollen, wenn mehr stattfindet als nur Kuscheln und Zärtlichkeit?

Antwort:

Hoppla, was hast du eigentlich für eine Meinung von deinem Freund? Glaubst du wirklich, er ist nur mit dir zusammen, weil er dich ins Bett abschleppen möchte? Wenn das so wäre: Hilfe, da hättest du dir ja einen ziemlich oberflächlichen Typen ausgesucht! Dann wären ja seine Gefühle für dich nicht so wirklich echt und von Liebe keine Spur. Also: Schluss mit dem Gedanken, wie du ihm alles recht machen kannst. Ihr seid doch ein Pärchen. Deshalb mach dir mal keine Sorgen! Er erträgt es schon, wenn du dir noch Zeit lassen und es langsam angehen willst. Schließlich muss das Vertrauen zwischen euch noch wachsen.

Antwort:

Voll okay, wenn du dir Gedanken machst, wie du ihn erobern kannst. Wie du seine Aufmerksamkeit auf dich lenkst und wie du es schaffst, dass er sich denkt: »Hoppla, die ist aber echt süß!« Doch gleich mit vollem Einsatz zu spielen? Stopp, das ist echt nicht angesagt! Versuch´s mit kleinen Schritten. Ihr müsst euch doch erst mal kennenlernen. Du musst erfahren, wie er tickt, und herausbekommen, ob er auch wirklich der Traumtyp ist, für den du ihn hältst. Ihm gleich zu signalisieren, dass du voll dabei bist, wenn´s um Sex geht ... Lass es lieber, sonst bringst du ihn am Ende noch auf die falsche Spur. Du willst doch nicht nur ein flüchtiges Abenteuer für ihn sein, sondern viel, viel mehr.

SEX, WEIL DU DIE KONKURRENZ ABHÄNGEN MÖCHTEST

Du hast dir den **schnuckeligsten Typen** an Land gezogen. Doch die Blicke anderer Mädchen verraten dir, dass sie deinen **Herzbuben** auch nicht ganz ohne finden. Die Konkurrenz schläft nicht. Das versetzt dich irgendwie in Panik. Du wirst unsicher und kriegst schon die Krise, wenn er sich nur mit einem andern Girl unterhält.

Du fragst dich:

- Sind auch noch andere Mädchen für ihn interessant?
- Hab ich Grund zur Eifersucht?
- Bin ich ihm vielleicht zu wenig sexy?
- Wie kann ich ihm beweisen, dass ich besser bin als andere?
- Schlag ich meine Rivalinnen aus dem Rennen, wenn ich mit ihm schlafe?

Antwort:

Was sollen diese Zweifel? Hallo, aufwachen! Ihr seid zusammen, DU bist seine Freundin und keine andere. Klar, ihr beide lebt nicht unter einer Käseglocke oder alleine auf einer Insel. Logisch, da gibt es noch andere Mädchen. Das weißt du, das weiß dein Freund. Aber das ist doch noch lange kein Grund, dir die Hölle heiß zu machen. Nur deshalb die volle Verführungsaktion zu starten, damit eine andere keine Chance mehr bei ihm hat ... Wo bleibt dein Selbstbewusstsein, dein Glaube an eure Beziehung? Und mal ehrlich: Auch du hast noch andere Verehrer, auch du checkst, dass dich andere Jungs gut finden. Spielst du deshalb gleich mit dem Gedanken, dich auf einen von den Typen einzulassen? Na also!

SEX, WEIL ER SONST MIT EINER ANDEREN SCHLÄFT

Du hast das Gefühl, allmählich wird er ungeduldig. Er redet fast nur noch davon, **mit dir schlafen** zu wollen. Er fängt an zu schmollen, wenn du wieder einen Rückzieher machst. Vielleicht behauptet er sogar, dass du ihn nicht wirklich liebst, wenn du nicht endlich Ja sagst.

Du fragst dich:

- Wie lange kann ich ihn noch hinhalten?
- Sucht er sich bald eine andere, bei de[r] er schneller ans Ziel kommt?
- Macht er Schluss, wenn er nicht bald das von mir bekommt, was er will?

SEX, WEIL DU ES IHM VERSPROCHEN HAST

Ihr kennt euch schon länger, über das **Thema Sex** habt ihr geredet. Aber ob du es wirklich schon tun willst? So sicher bist du dir da noch nicht. Doch dann kommt die Situation: Seine Eltern verreisen übers Wochenende. Er erzählt dir, dass er **sturmfreie Bude** hat. Oder er hat Geburtstag und du willst ihm ein ganz **besonderes Geschenk** machen …

Du fragst dich:

- Warum soll ich´s nicht mal probieren?
- Was ist schon dabei, wenn ich mich darauf einlasse, mit ihm ins Bett zu gehen?
- Es ist doch ganz normal, wenn ich ihm diesen Wunsch erfülle, oder?

Antwort:

Alles voll normal, wenn du dich allmählich mit dem Gedanken beschäftigst, dich hautnah mit ihm einzulassen. Er ist dein Freund, einen besseren kannst du dir gar nicht vorstellen, du vertraust ihm. Er ist der Junge, mit dem du dein erstes Mal erleben möchtest.

Doch das mit dem Sex so richtig planen? Das klappt nicht immer so, wie man(n) sich das vorstellt. Da kommen im letzten Moment dann doch noch so kleine Zweifel. Und mal ehrlich: So auf Knopfdruck in absoluter Liebeslaune zu sein … Wer kann das schon? Eins ist klar: Auch wenn du es ihm vielleicht versprochen hast, auch wenn du dich voll und ganz auf ihn einlassen möchtest, du hast jederzeit die Möglichkeit abzubrechen und Nein zu sagen – auch wenn ihr beide schon nackt im Bett liegt.

Antwort:

Bitte lass dich nicht stressen oder unter Druck setzen! Weder von ihm noch von dir selbst. Sag nicht nur Ja, weil du Angst hast, ihn zu verlieren, wenn du´s nicht tust. Es geht nicht nur um seine Wünsche und Bedürfnisse – absolut nicht. Wenn du mit ihm ins Bett gehst, dann solltest du es auch aus vollem Herzen wollen. Anders funktioniert das nämlich nicht. Schließlich soll es doch für euch beide ein unvergessliches Erlebnis sein. Bist du noch nicht so weit, kannst du dir doch vorstellen, dass du null entspannt bist, keinen Spaß dabei hast, dass es floppt und du enttäuscht bist. Was soll das für einen Sinn haben? Außerdem, worüber will er sich denn beklagen? Ihr könnt euch doch auch anders verwöhnen, z. B. mit Küssen, Streicheln, Fummeln … So kommen deine und seine Liebeshormone genauso auf Touren.

SEX, WEIL DU DEINEN EX ZURÜCKHABEN WILLST

Er hat **Schluss** gemacht. Doch wenn das so einfach wäre. Immer wenn du ihn siehst, steht dein Herz wieder in Flammen. Du kannst ihn nicht **einfach so vergessen**, dazu empfindest du noch viel zu viel für ihn. Die Sache zwischen euch ist gefühlsmäßig noch nicht zu Ende.

Antwort:

Hier geht es um »Sex mit dem Ex«! Keine Frage: Es gibt nicht wenige, die sich darauf einlassen. Doch was sich anfangs im Bett noch so gut und vertraut anfühlt, fühlt sich danach oft nicht mehr so nach Liebe an. Vorsicht! Der »Gefühlskater« kann schneller kommen, als du dir das wünschst. Die Enttäuschung, wenn er dann doch nicht zu dir zurückkehrt, kann schlimmer sein als der Liebeskummer zuvor. Dann musst du erkennen, dass es wirklich nur Sex war und nicht mehr. So landest du ziemlich hart auf dem Boden der Tatsachen und bist noch mehr down, als wenn du dich nicht darauf eingelassen hättest. Besser, du checkst vorher, ob ihr eine zweite Chance habt. Das heißt: Ob er auch noch was für dich empfindet.

Du fragst dich:

- Hat er denn vergessen, wie schön das mit uns war?
- Wie soll ich jemals vergessen, was zwischen uns gelaufen ist?
- Wie soll ich einen anderen Jungen so sehr lieben können wie ihn?
- Vielleicht haben wir eine zweite Chance und er kommt zurück zu mir, wenn ich mit ihm ins Bett gehe?

SEX, WEIL DU MITREDEN MÖCHTEST

Deine Freundinnen erzählen dir die **heißesten Storys** zum Thema Sex und Liebe. Und du? Du hast so was noch nicht erlebt. Deine Neugierde steigt und steigt. Und überhaupt: Du möchtest bei dem Thema nicht nur **heiße Ohren** bekommen, sondern selbst mal berichten, was bei dir abgeht.

Du fragst dich:

- Warum stehen Jungs eigentlich nicht auf mich?
- Bin ich eine Spätzünderin?
- Ist es denn normal, wenn ich mich noch nicht verlieben kann?
- Halten mich meine Freundinnen für schüchtern und prüde?
- Soll ich mit einem Jungen schlafen, um mitreden zu können?

Antwort:

Schon klar, Jungs sind oft das Thema Nummer eins unter Freundinnen. Da kommen sie ins Schwärmen und geben (Bett-)Geschichten zum Besten, die sich echt spannend und aufregend anhören. Aber ist das wirklich alles so wahr? Nicht immer! Da geht bei dem einen oder anderen Mädchen schon mal die Fantasie durch. Also glaub nicht alles, was du hörst. Und vor allem: Fühl dich nicht als Außenseiterin! Es ist voll okay, wenn du dich noch nicht für Jungs interessierst. Vergiss es, dich deswegen zu schämen! Nur mit einem zu schlafen, um dann dein Insiderwissen weiterzugeben? Oder mit dem nächstbesten Typen ins Bett zu hüpfen, um dich sexy und begehrt zu fühlen? Wer bist du denn? So was hast du doch gar nicht nötig! Du hast alle Zeit der Welt, auf den Richtigen zu warten. Mit ihm wird´s dann total schön – auch im Bett.

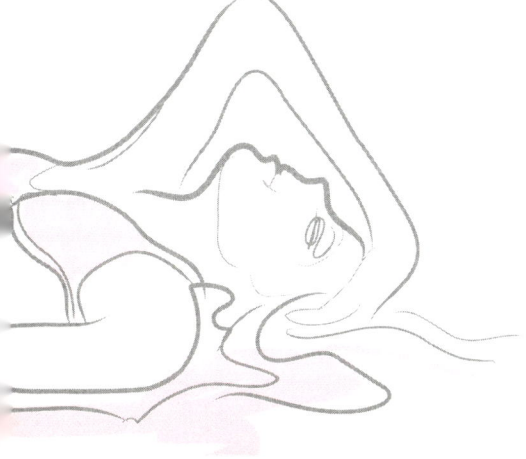

WIE MACHEN WIR´S IN SACHEN LIEBE?

SEXSTELLUNGEN
... wie sie gehen und was sie bringen!

Schmetterling, Lilien, Traumland, Vollmond oder Schaukel ... Wärst du darauf gekommen, dass damit **Sexstellungen** gemeint sind? Lass dich überraschen! Hier ist die Gebrauchsanleitung: Probier aus, was dir gefällt. Und was nichts für dich ist, lass einfach bleiben! Liebesspiele sind **keine Turnveranstaltungen,** bei denen du dich verrenkst und verkrampfst.

SCHMETTERLING

So geht´s: Sie liegt auf dem Rücken. Der Junge kniet zwischen ihren gespreizten Beinen. Dann nimmt er ihre Pobacken in seine Hände und zieht ihr Becken zu seinem Penis hoch. Besonders bequem ist es für das Mädchen, wenn sie ihre Beine auf seine Schultern legt. Dabei kann sie voll genießen und, wenn sie will, auch ihren Kitzler oder die Brüste streicheln. Hoppla! Da können im Bauch schon mal die Schmetterlinge fliegen.

Liebesfaktor: niedrig
Lustfaktor: mittel
Schwierigkeitsgrad: mittel

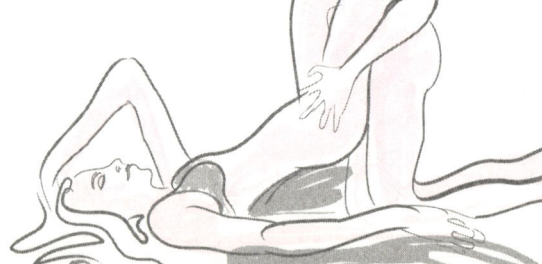

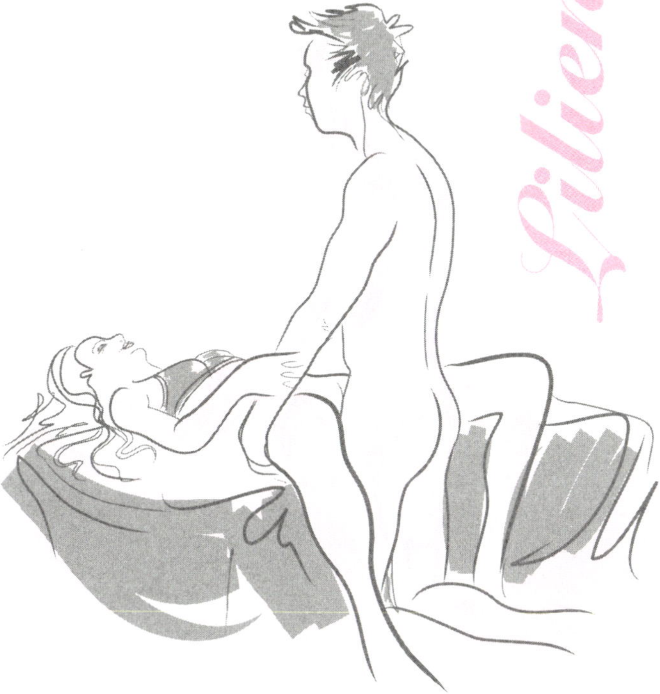

LILIEN

So geht´s: Das Mädchen liegt mit dem Po auf der Bettkante, öffnet ihre Beine wie die Blüten einer Lilie, ihre Fußsohlen haben Bodenkontakt. Der Junge kniet zwischen ihren Beinen. Den vollen Spaß macht es ihm allerdings nur, wenn das Bett auch die richtige Höhe hat. Da beide ihre Hände frei haben, können die zwei voll ins Streichelfieber kommen.

Liebesfaktor: hoch
Lustfaktor: mittel
Schwierigkeitsgrad: leicht

LAP DANCE

So geht´s: Er sitzt auf einem Stuhl, sie setzt sich auf sein bestes Stück. So kann sie den Rhythmus bestimmen und ihr Becken kreisen lassen wie bei einem Tanz. Der Junge ist in seiner Bewegung zwar etwas eingeschränkt, aber er kann ihr Pobacken anfassen und sein Gesicht ist dabei voll in Busennähe.

Liebesfaktor: mittel
Lustfaktor: hoch
Schwierigkeitsgrad: mittel

Lap Dance

Hot Dog

HOT DOG

So geht´s: Das ist was für besonders gelenkige Girls. Denn sie muss ihre
Beine ganz weit nach hinten strecken können. Sie liegt auf dem Rücken
und streckt ihre geschlossenen Beine so weit nach hinten, dass sie fast
ihre Schienbeine küssen kann. Da hebt sich sogar der Po von der Matratze
ab. Der Junge dringt liegend von oben in sie ein, wobei er sich mit seinen
Händen links und rechts von ihr abstützt. Er wird dabei vielleicht hot und
kommt ins Schwitzen. Sie dagegen fühlt sich wohl eher als Akrobatin, die
nur ihre Beine zum Küssen hat, aber nicht seinen Mund.

Liebesfaktor: niedrig
Lustfaktor: mittel
Schwierigkeitsgrad: schwer

HÜNDCHENSTELLUNG

So geht´s: Das Mädchen kniet auf allen vieren und streckt ihren Po weit nach hinten. Der Junge befindet sich hinter ihr und dringt von hinten in ihre Scheide ein. Dabei kann er ihre Schultern, ihren Nacken küssen, sie mit seinen Händen umfassen, ihre Brüste kneten oder ihren Kitzler massieren. Jungs finden diese Stellung ziemlich erregend. Schließlich kann er zuerst den Po des Mädchens betrachten, was viele Jungs mächtig auf Touren bringt. Außerdem finden es viele auch antörnend, wenn ihre Hoden beim Geschlechtsakt an die Pobacken der Partnerin »klopfen«. Manche Pärchen finden diese Liebesstellung tierisch gut, andere finden sie zu wenig zärtlich.

Liebesfaktor: mittel
Lustfaktor: hoch
Schwierigkeitsgrad: leicht

Hündchen

Vollmond

VOLLMOND

So geht´s: Er liegt auf dem Rücken. Sie setzt sich verkehrt auf ihn drauf, sodass er ihre Rückenansicht betrachten kann. Also ist automatisch kein Blickkontakt zwischen den beiden möglich. Doch das Mädchen hat die volle Freiheit. Sie kann sich dabei auf den Oberschenkeln ihres Liebsten abstützen und ihr Becken auf und ab bewegen. Oder sich auch nach vorne beugen. Aufgepasst! Dabei kann es passieren, dass sie seinen Penis zu weit nach unten biegt, was manche Jungs nicht als besonders lustvoll empfinden. Auch wenn diese Stellung »Vollmond« heißt, kann man sie natürlich auch an anderen Tagen ausprobieren.

Liebesfaktor: niedrig
Lustfaktor: mittel
Schwierigkeitsgrad: leicht

REITERSTELLUNG

So geht´s: Der Junge liegt auf dem Rücken, das Mädchen setzt sich auf seinen Penis. Sie ist dabei die Aktive, er hat´s bequem – kann dafür aber nicht viel in den Liebesrhythmus eingreifen. Das totale Verwöhnprogramm für ihn, denn das Mädchen kann ihn nach Lust und Laune am Oberkörper streicheln, ihn küssen und beide können sich voll in die Augen schauen. Reiterstellung heißt diese Art des Geschlechtsverkehrs wohl, weil sie auf ihm »reitet« und sozusagen die Zügel voll in der Hand hat.

Liebesfaktor: hoch
Lustfaktor: hoch
Schwierigkeitsgrad: leicht

Reiter

Besteigung

BESTEIGUNG

So geht´s: Nichts für schlappe Muskeln! Dabei wird von beiden eine Menge Kondition verlangt. Der Junge steht dabei und muss es schaffen, seine Partnerin hochzuheben und sie auch während des Geschlechtsakts halten zu können. Das Mädchen hält sich mit ihren Armen an seinen Schultern und am Hals fest und umschlingt mit ihren Beinen seine Taille. Um nicht voll aus der Balance zu kommen, ist es besser, das Mädchen ist mit dem Rücken an eine Wand gelehnt. Oder noch einfacher: Wenn er sie zu einem Tisch trägt und sie sich mit ihrem Po darauf abstützt. Den Gipfel der Lust erreichen dabei beide ziemlich schnell, wenn sie vorher schon sehr erregt sind und die Leidenschaft ziemlich heftig ist.

Liebesfaktor: niedrig
Lustfaktor: hoch
Schwierigkeitsgrad: schwer

LÖFFELCHENSTELLUNG

So geht´s: Stell dir zwei Löffel vor, die in einem Besteckkasten hintereinander eingeordnet sind, und schon kannst du dir auch diese Stellung easy
vorstellen. Also: Beide liegen auf der Seite. Sie vorne, er hinter ihr. Der Junge kuschelt sich dabei ganz fest an sie. Damit der Penis leichter eindringen
kann, sollte das Mädchen die Beine etwas in Richtung Busen hinziehen
und den oberen Oberschenkel leicht anheben. Gut ist es auch, wenn sie
ihren Oberkörper etwas nach vorne neigt und ihren Po so fest wie möglich
an sein Becken drückt. Der Junge kann sie mit seinen Armen von oben
umschlingen, ihre Brüste und ihren Kitzler streicheln. Neigt sie ihren Kopf in
seine Richtung, kann er ihr Gesicht und ihren Hals küssen.

Liebesfaktor: hoch
Lustfaktor: hoch
Schwierigkeitsgrad: mittel

Brücke

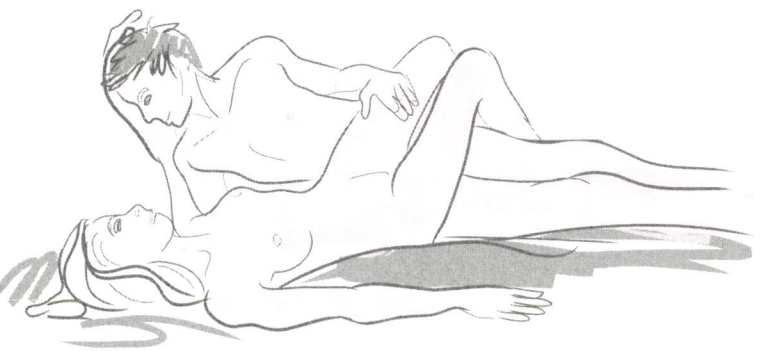

BRÜCKE

So geht´s: Er liegt auf der Seite, sie liegt mit dem Kopf und Oberkörper auf der Matratze. Dann bildet sie mit ihren Beinen eine Brücke über seinem Becken. Das heißt: Sie schiebt ihre Scheide an seinen Penis heran. Diese Stellung ist null anstrengend. Beide können sich dabei tief in die Augen schauen und sich zärtliche Blicke zuwerfen. Auch Streicheleinheiten sind kein Problem, da beide die Hände frei haben. Er kann sie überall berühren. Allerdings kann diese Stellung für beide nicht so ganz befriedigend sein.

Liebesfaktor: hoch
Lustfaktor: niedrig
Schwierigkeitsgrad: mittel

SCHAUKELSTUHL

So geht´s: Achtung! Diese Stellung bringt seine Oberschenkel vor Anstrengung zum Zittern und beide schnell aus dem Gleichgewicht. Warum? Nun, er geht in die Hocke, das heißt: Er legt seinen Pobacken auf seinen Fersen ab. Schon alleine dabei die Balance zu halten ... Nicht so einfach! Allerdings wird´s dann noch schwieriger, wenn sie sich auf ihn draufsetzt und die beiden dann hin- und herschaukeln. Zu leidenschaftlich darf das Wippen dann eher nicht sein, sonst fällt er um und beide kippen nach hinten. Also am besten stillhalten, sich ganz festhalten und nur fühlen, dass man zusammen ist.

Liebesfaktor: mittel
Lustfaktor: niedrig
Schwierigkeitsfaktor:
hoch

Schaukelstuhl

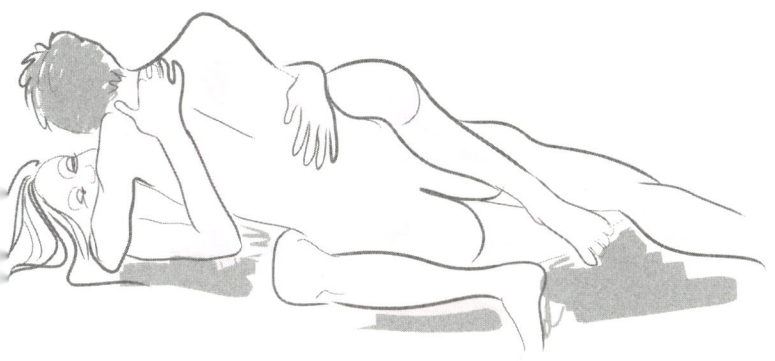

Traumland

TRAUMLAND

So geht´s: Beide liegen Seite an Seite und schauen sich an. Ihr Kopf und ihre Schulterblätter liegen auf der Matratze, mit ihren Beinen umschlingt sie sein Becken. Beide können in dieser Position voll gut schmusen. Diese Stellung ist total bequem und sehr intim. Da kann man vor Glück dann schon mal ins Traumland abdüsen. Es kann nur sein, dass das Bein des Mädchens, auf dem ihr Liebster liegt, wegen der Belastung zu kribbeln anfängt.

Liebesfaktor: hoch
Lustfaktor: hoch
Schwierigkeitsgrad: einfach

SCHILDKRÖTE

So geht´s: Das Mädchen liegt auf dem Bauch. Der Junge legt sich auf sie drauf, seine Beine sind über ihren Schenkeln gespreizt. Findet er bei dieser Stellung nicht ganz so easy den Scheideneingang? Dann hilft, wenn sie ein Kissen unter ihren Bauch legt. Auch kann´s passieren, dass der Penis aus der Scheide rutscht. Trotzdem: Wenn zwei in dieser Position etwas Übung haben, kommen beide auf ihre Kosten. Allerdings fühlen sich Mädchen oft eingeengt oder sogar vom Körper des Jungen erdrückt. Ob diese Liebesstellung Schildkröte heißt, weil´s bei der Paarung der Schildkröten so ähnlich aussieht oder weil der Junge sich über das Mädchen legt wie der Panzer einer Schildkröte? Wer weiß!

Liebesfaktor: mittel
Lustfaktor: hoch
Schwierigkeitsgrad: mittel

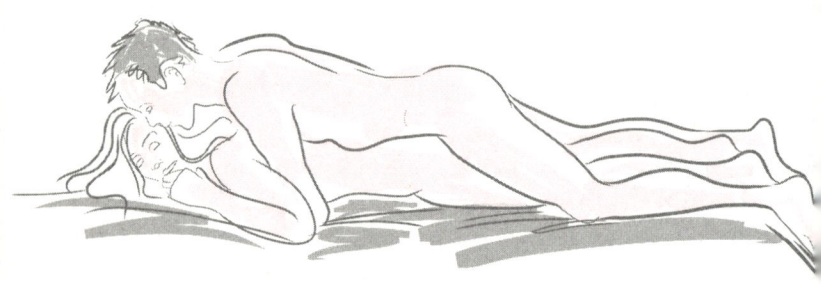

Schildkröte

Missionar

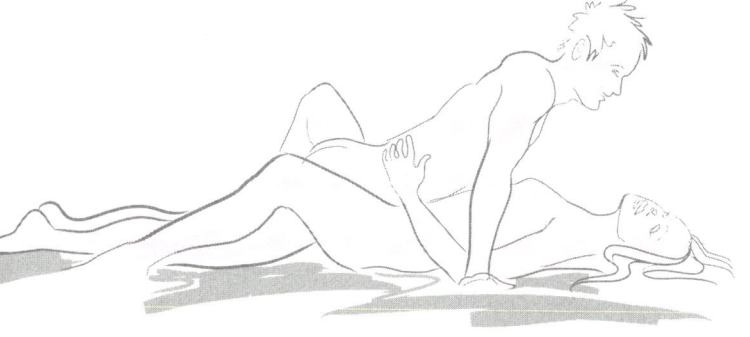

MISSIONARSTELLUNG

So geht´s: Das Mädchen liegt auf dem Rücken, er liegt zwischen ihren Schenkeln und dringt von oben in ihre Scheide ein. Am besten stützt er sich dabei mit seinen Armen ab. So hat sie mehr Bewegungsfreiheit. Das Mädchen kann sich relaxt auf sein Liebestempo und ihre Lustgefühle einlassen. Ein Kissen unter ihrem Becken bringt oft mehr Spaß. Sich dabei tief in die Augen sehen und endlos küssen? Kein Problem! Sich so zu lieben war übrigens früher die Empfehlung der Missionare. Menschen sollten sich ihrer Meinung nach anders paaren als Tiere.

Liebesfaktor: hoch
Lustfaktor: mittel
Schwierigkeitsgrad: einfach

LIEBESGEHEIMNISSE
Soll ich sie verraten?

Du bist verliebt – aber muss der Typ gleich alles wissen? Klar, es ist deine Entscheidung, was du ihm verrätst und was für ihn (noch) **Akte Geheim** *ist.*

SOLL ICH´S SAGEN
ODER BESSER NICHT ...

❓ ... dass ich mich in IHN verliebt habe.

Wenn dein Herz Purzelbäume schlägt und dir der Typ nicht mehr aus dem Kopf geht, dann musst du deine **Gefühle** nicht verstecken. Was ist schon schlimm daran, wenn du deinem Schwarm sagst, dass er dir sympathisch ist? Gar nichts! Ihr müsst ja nicht gleich den Termin eurer Verlobung bekannt geben. Es geht ja erst mal nur darum, dass er mitkriegt, dass du ihm nicht gleichgültig bist und um ein Date.

❓ ... dass ich noch nie einen Jungen geküsst habe.

Du willst dich nicht gleich als **ungeküsst** outen? Das ist voll okay. Mach dir mal keine Sorgen, küssen ist mit jedem Jungen anders. Und **garantiert** nicht so kompliziert. Probier´s einfach aus und später kannst du ihm ja gestehen, dass es mit ihm dein erster Kuss war.

❓ ... dass ich noch Jungfrau bin.

Bevor du mit einem Jungen ins Bett gehst, gib ihm diese Information. Das ist wichtig! Dann **versteht** er auch viel besser, dass du Hemmungen hast. Und auch, dass du extrem viel **Zärtlichkeit** brauchst und er vorsichtig sein soll.

❓ ... dass ich Panik vor einer Abfuhr habe.

Da sei mal ein bisschen selbstbewusst. Was soll ihm denn **Besseres** passieren, als dich zur Freundin zu haben? Deshalb fang nicht gleich damit an, dass er vermutlich nicht auf dich steht. Wenn er nicht will, hat er **Pech gehabt** und dich nicht verdient.

❓ ... dass ich unsicher bin, ob er mich attraktiv findet.

Sag mal, welcher Junge macht ein Mädchen an, das er nicht **spitzenmäßig** findet? Baggert er dich an, bist du für ihn sexy. Also was sollen diese Zweifel?

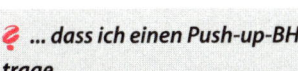

💬 ... dass ich einen Push-up-BH trage.

Du hast alles Recht der Welt, dich **aufzustylen** und mehr aus dir zu machen. Was du da für kleine Geheimnisse hast, musst du deinem **Schwarm** nicht gleich auf die Nase binden. Push-up-BH tragen doch viele Mädchen. Das wissen die Jungs auch.

💬 ... dass ich Angst vor dem ersten Mal habe.

Darüber solltest du mit deinem Freund **unbedingt** reden. Damit beweist du ihm auch, dass du ihm vertraust. Und wenn du mit dem Sex noch **warten** möchtest, sag ihm das auch ganz offen und ehrlich. Erklär ihm, dass du ihn liebst, aber noch nicht bereit dazu bist, mit ihm zu schlafen.

💬 ... dass ich glaube, mit seiner Ex hat ihm der Sex mehr Spaß gemacht.

Vergiss es! Solche Gedanken solltest du dir **aus dem Kopf** schlagen. Das heißt, diesen **Unsinn** solltest du besser für dich behalten. Keine Diskussionen, dieses Thema führt in eine (Frust-)Sackgasse. Also lass es lieber bleiben!

💬 ... dass ich keinen Orgasmus bekomme.

Sex ist auch ohne **Orgasmus** etwas ganz Tolles und Wunderschönes. Hab einfach Spaß mit ihm, versucht euch zu zeigen, wie sehr ihr euch liebt. Nur das zählt. Mach dir keine Sorgen, weil du noch keinen Orgasmus hast. Das ist total **normal.** Deshalb musst du das auch gar nicht groß berichten.

💬 ... dass ich die Pille vergessen habe.

Darauf gibt es nur eine **Antwort** und zwar JA, er muss das wissen. Hast du die Pille nämlich vergessen, dann muss er ja mit **Kondom** verhüten, wenn ihr Sex habt. Vergiss das bitte nicht!

💬 ... dass ich von einem anderen Jungen träume.

Deine Träume gehören dir und welche Jungs dir im **Schlaf** begegnen, das darf dein Geheimnis bleiben. Also genieße und schweige, sonst kommt dein Freund noch auf den **verrückten** Gedanken, dass da was zwischen dir und diesem »Traumjungen« läuft. Im Traum verarbeitest du bloß deine Sehnsüchte.

♀ ... dass ich fremdgegangen bin.
Sorry, aber das ist deine Entscheidung. Sie kann dir niemand abnehmen. Nur einen Tipp: Wenn du es nicht verrätst, weil du nur deinen **Freund** liebst und der andere Junge dir nichts bedeutet, dann solltest du es selbst vergessen und nicht dein schlechtes **Gewissen** vor dir hertragen.

♀ ... dass ich meinen Exfreund nicht vergessen kann.
In diesem Fall wär es fair von dir, deinem aktuellen Freund schonend beizubringen, dass da noch **Gefühle** für deinen Ex sind. Denn erst wenn dein Verflossener aus deinem **Herzen** verschwunden ist, liebst du deinen Neuen nicht auf Sparflamme, sondern kannst dich voll und ganz auf ihn einlassen.

♀ ... dass ich in seinen Freund verliebt bin.
Überleg ganz genau! Bist du dir sicher, dass du in einen anderen **Jungen** mehr verliebt bist, steht dein Freund automatisch im Abseits. Deshalb hat es gar keinen Sinn, ihm etwas vorzumachen. Auch auf die **Gefahr** hin, dass es Zoff gibt oder sein Freund auch gar

nichts von dir will – deine **Gefühle** für den Jungen, mit dem du gerade zusammen bist, sind abgekühlt. Sonst hätte ein anderer wohl gar keine Chance.

♀ ... dass ich heimlich in den Freund meiner Freundin verknallt bin.
Da befindest du dich in einer echten Zwickmühle. Sind die beiden glücklich und deine Gefühle werden sowieso nicht erwidert, dann wär´s besser, du siehst den **Tatsachen** ins Auge. Sind deine Chancen gleich null, akzeptier das, mach keinen **Zirkus** und misch dich nicht ein.

♀ ... dass ich unbedingt von ihm hören möchte, dass er mich liebt.
Jungs sind oft genauso verliebt wie Mädchen, nur warten sie mit ihren **Liebeserklärungen** länger oder sie zeigen, was sie fühlen, auf andere Art und Weise. Es ist doch so: Du fühlst doch, wenn er in dich verliebt ist. Das ist vielleicht wichtiger als Worte. Wie wär´s: Öffne du doch zuerst dein Herz?! Dann fällt es ihm vielleicht leichter, das auch zu tun. Tipp: Nichts überstürzen, auf die drei schönsten **Worte** der Welt:

»Ich liebe dich«, muss man auch warten können. Wenn er sie dann sagt, sind sie auch wirklich ehrlich gemeint.

🐍 *... dass ich nicht ohne Kondome mit ihm schlafen möchte.*

Das ist clever, du bist sehr verantwortungsbewusst. Also sei bitte auch so mutig und mach den **Mund** auf! Bevor du das Risiko eingehst, schwanger zu werden oder dir eine ansteckende **Krankheit** einzufangen, schlaf nicht mit ihm.

🐍 *... dass ich rasend eifersüchtig bin, wenn er mit anderen Mädchen redet.*

Grundlose Eifersuchtsszenen können so richtig heftig nerven!!! Da ist es meistens besser, du kletterst nicht sofort auf die **Palme,** sondern siehst erst mal richtig hin, was dein Freund genau macht. Wenn er nur mit einem anderen **Mädchen** redet, dann lass ihn doch! Jungs haben es nämlich nicht so gerne, wenn sie ständig unter Kontrolle stehen oder sich erst für alles, was sie tun, eine **Erlaubnis** bei der Freundin holen müssen. Er ist mit DIR zusammen, also vertrau ihm!

🐍 *... dass ich ihn mit einer anderen gesehen habe.*

Je eher du mit ihm darüber redest, desto besser. So ersparst du dir tagelange **Grübeleien.** Ruf ihn an oder triff dich mit ihm und erzähl, was du beobachtet hast. Es gibt vermutlich eine ganz einfache Erklärung. Nicht jedes Mädchen ist schließlich gleich eine **Konkurrentin.**

🐍 *... dass ich Panik habe, ihn zu verlieren.*

Bist du verliebt, hättest du gerne den Garantieschein, dass ihr immer ein **Pärchen** bleibt. Doch leider geht das nicht. In jeder Beziehung gibt´s auch mal Stress. Das ist ganz normal. Aber weil du nicht in die Zukunft schauen kannst, solltest du auch keine **Angst** davor haben, was eventuell passieren könnte. Sei happy, wenn´s gut läuft. Und sollte es mal kriseln, dann redet miteinander. Ansonsten denk positiv, vertrau deinem **Freund** und glaub an die Liebe!

🐍 *... dass er seine Ex mehr liebt als mich.*

Die Verflossene ist bei vielen Mädchen so was wie ein Schreckgespenst. Aber denk daran: Dein Freund und seine Ex haben **Schluss** gemacht. Warum wohl? Weil´s einfach nicht mehr geklappt hat. Jetzt ist er in dich verliebt und mit dir zusammen. **Klartext** solltest du nur dann reden, wenn du das Gefühl hast, dass deine Vorgängerin sich zwischen euch drängelt und sich in eure **Beziehung** einmischt. Ansonsten ist sie Schnee von gestern. Aus und vorbei!

💡 *... dass ich mich selbstbefriedige.*

Selbstbefriedigung macht doch jeder, auch Mädchen und Jungs, die in festen **Händen** sind. Doch darüber reden tun die wenigsten. Ist auch gar nicht notwendig. Was du mit dir selber anstellst, ist deine Sache. **Onanieren** ist absolut nichts Schlimmes und es ist auch kein Fremdgehen. Denn wie sollst du jemand mit dir selbst betrügen?

💡 *... dass ich nur Freundschaft und nicht mehr möchte.*

Spürst du, dass ein Kumpel von dir plötzlich mehr will als nur **Freundschaft,** gib ihm klar zu verstehen, dass zwischen euch nicht mehr laufen kann. Je eher, desto besser. So kannst du **verhindern**, dass er sich in etwas hineinsteigert, was du nicht erfüllen kannst.

💡 *... dass ich am liebsten Schluss machen möchte.*

Es ist garantiert nicht einfach, einem Jungen, mit dem du zusammen bist, zu sagen, dass es **aus** ist. Du weißt, dass du ihm damit wehtust. Aber eigentlich willst du ihn doch gar nicht verletzen. Trotzdem bleibt dir gar nichts anders übrig, als mit der **Wahrheit** rauszurücken. Dein Freund hat es nämlich nicht verdient, dass du ihm was vorspielst.

LUST, FLOPS UND LIEBESKILLER

SOS: Dunkle Wolken im Liebes-Paradies. Es schleichen sich Negativgedanken und Zweifel bei dir ein, die dann für Sturm in deinem Herzen und für eine Flaute im Bett sorgen. Nur keine Panik, alles halb so wild!

MISSTRAUEN

SOS Er ruft weniger an, erfüllt dir nicht automatisch jeden Wunsch und überhaupt war er schon mal zärtlicher. Da klingeln bei dir die Alarmglocken und du gehst auf Distanz.

TIPP Muss dein Freund denn immer so funktionieren, wie du das erwartest? Er ist doch keine Maschine. Bevor du dich verrückt machst: Was ist schon dabei, wenn du dich bei ihm meldest? Seine Nummer hast du doch! Fühlst du dich vernachlässigt, sag Bescheid. So hat er die Chance, dir zu beweisen, dass er noch immer voll auf dich steht. Und schmeiß dein Misstrauen über Bord, sonst blockst du automatisch ab und wie soll er dann zärtlich sein?

EIFERSUCHT

SOS Er beobachtet ein anderes Mädchen für deinen Geschmack ein bisschen zu lange. Du siehst rot und überall Rivalinnen. Ob du da noch zum Kuscheln in Stimmung bist? Eher weniger.

TIPP Dein Freund ist nicht blind, genauso wenig wie du. Und mal ehrlich, wenn du einen süßen Typ siehst, riskierst du da nicht auch mal einen (Seiten-)Blick? Deshalb überleg dir genau, ob du wirklich Grund hast, auszuflippen. Und was die Konkurrenz betrifft: Schieß sie in den Wind. Schließlich ist er doch mit dir zusammen. Warum wohl? Weil DU sein Traumgirl bist. Also küss ihn lieber, als ihn mit sinnloser Eifersucht auf die Palme zu bringen.

KONTROLLE

SOS Er trifft sich mit seinen Kumpels oder fährt sogar mit ihnen in Urlaub. Es bringt dich total aus der Fassung, wenn er alleine loszieht. Da ist erst mal Funkstille angesagt.

TIPP Hallo!?! Liebe ist doch kein Gefängnis. Dein Freund muss dich doch nicht ständig um

Erlaubnis fragen! Ihr macht viel zusammen, aber auch mal was getrennt. Das ist ganz normal, das macht Spaß. Deine Freundinnen freuen sich doch auch, wenn du mal alleine für sie Zeit hast. Je selbstständiger ihr beide seid, desto spannender und aufregender ist eure Beziehung. Also lass ihm etwas mehr Freiheit, sonst will er irgendwann ausbrechen.

LÜGEN

SOS Er hat dir nicht ganz die Wahrheit gesagt oder du spürst, dass er dir was verheimlicht. Dieses Versteckspiel verursacht bei dir ein unentspanntes Gefühl im Bauch – das hast du auch noch beim Sex.

TIPP Red Klartext! Schließlich willst du ihm doch voll vertrauen und das geht nur, wenn er mit dir ehrlich und fair ist. Also keine Lügengeschichten und Schwindelaktionen mehr. Sag ihm ehrlich, dass du darauf voll allergisch reagierst. Gib ihm aber auch das Gefühl, dass du nicht gleich beleidigt bist und ausflippst, wenn er mal anders tickt, als du es dir wünschst, oder dir was sagt, was nicht unbedingt in dein Konzept passt.

ZICKEREIEN

SOS Er kann dir nichts recht machen, von seinen Aktionen bist du nur mittelmäßig bis gar nicht begeistert. Von deiner Nörgelei kriegt er schon rote Pickel. Und auch den Frust im Bett?

TIPP Zickenalarm nervt auf Dauer gewaltig. Mal ehrlich, würdest du dir das gefallen lassen, wenn er ständig was an dir auszusetzen hätte? Auch wenn´s am Anfang ganz nett ist, wenn du nicht gleich auf ihn abfährst wie eine Rakete, irgendwann solltest du die Krallen einziehen und auf Schmusekurs gehen. Sonst könnte es sein, dass er dich auf den Mond schießt, weil er auf deine Spielchen keine Lust mehr hat.

LANGEWEILE

SOS Da passiert nichts Neues mehr. Wo bleiben die Überraschungen? Du hast das Gefühl, bei euch läuft immer das gleiche Programm ab – auch im Bett. Ist da vielleicht der Dampf raus?

TIPP Stopp! Bevor du aus Langeweile noch einschläfst oder keine Lust mehr hast, mit ihm zu schlafen, lass deine Fantasie spielen. Überleg, was du dir wünschst, und dann sag ihm, auf was du Lust hättest. Zeig ihm, wie leidenschaftlich du sein kannst, übernimm die Initiative. Es muss ja nicht immer nur der Junge sich was einfallen lassen. Überrasch ihn mit deinen Ideen und probiert mal was aus, was ihr noch nicht gemacht habt. Das puscht Lust und Liebe!

ERPRESSUNG

SOS Er schmollt, weil du nicht so willst wie er. Du hast das Gefühl, er setzt dich damit unter Druck. Weil du nicht mit ihm schläfst, hast du Panik, er tut´s mit einer anderen.

TIPP Lass dich zu nichts zwingen. Sag ihm, dass du total verliebt in ihn bist und er dein Traumtyp ist. Trotzdem brauchst du noch Zeit. Gehst du nämlich nur ihm zuliebe mit ihm ins Bett, bist du null entspannt. Wie soll das dann klappen? Zum Liebemachen gehören immer zwei. Ansonsten wird´s frustig – nicht nur für dich, sondern auch für ihn.

ANGST

SOS Du traust dir nicht viel zu. Dir fehlt der Mumm, ihn anzuspre-chen. Schließlich willst du

keinen Korb bekommen. Oder du hast einen Freund, aber hast Angst, ihn zu verlieren.

TIPP Panikmache macht ziemlich mutlos und verunsichert. Mach dich doch nicht kleiner, als du bist. Schraub dein Selbstbewusst-sein ein bisschen höher. Du bist ein tolles Mädchen. Also versteck dich nicht hinter deinen Gefühlen. Trau dich, du kannst nur gewinnen. Geht´s tatsächlich schief, hast du Mumm bewiesen. Das ist toll. Und denk daran: Garantien gibt´s in Sachen Liebe sowieso nicht.

STRESS

SOS Er sagt Treffen ab, kommt zu spät zu Verabredungen. Wenn du ihn fragst, was los ist, reagiert er reichlich gestresst. Und im Bett läuft´s eher schlapp. Wo ist sein Problem?

TIPP Stress hat jeder mal: in der Schule, im Job, zu Hause oder überhaupt. Da ist man(n) nicht unbedingt total auf Liebe einge-stellt. Der Kopf ist dann eben mit was anderem beschäftigt. Mach am besten nicht noch zusätzlich Druck. Gib ihm ein bisschen Zeit und versuch, seine Situation zu verstehen. Liebe löst leider nicht alle Probleme, aber sie hilft oft bei der Lösung.

STREIT

SOS Bei euch fliegen die Fetzen. Doch nach dem Zoff soll's sofort die Versöhnung geben, und zwar im Bett. So ist er drauf, aber nicht du.

TIPP Wenn du länger brauchst, bis du wieder auf die Liebesnummer stehst, ist das vollkommen normal. Viele Mädchen müssen erst mal eine Nacht darüber schlafen, bevor sie wieder mit ihrem Freund Sex haben. Deshalb sag zu ihm: »Sorry, sei mir nicht böse, aber jetzt nicht!« Wenn du willst, könnt ihr ja trotzdem lieb zueinander sein und zusammen vor dem Fernseher kuscheln.

SEINE EX

SOS Ihre Nummer steht noch immer in seinem Adressbuch. Also läuft da noch was zwischen deinem Freund und seiner Ex. Und vermutlich ist sie auch noch besser im Bett als du.

TIPP Als Erstes streichst du sie aus deinen Gedanken, sonst seid ihr immer zu dritt, egal wo ihr beide euch befindet – auch im

Bett. Denk daran: Das mit euch ist jetzt etwas ganz Neues, etwas vollkommen anders, etwas, was nicht zu toppen ist. Ihr seid verliebt und nur das zählt. Basta!

NUR NICHT SCHWANGER WERDEN!

SOS Eigentlich willst du schon mit deinem Freund schlafen. Aber schwanger werden? Auf gar keinen Fall. Du hast also Panik, dass etwas passiert. Deshalb blockst du ab und bist verkrampft.

TIPP Die Panik hast du zu Recht. Ohne Verhütung bist du null geschützt. Also: Willst du sicher sein, dann verhütet oder verwöhnt euch gegenseitig, ohne miteinander zu schlafen.

GERÜCHE & GERÄUSCHE

SOS Eine Schweinerei, dass er um die Dusche einen riesigen Bogen macht, darauf verzichtet, sich regelmäßig die Zähne zu putzen, Knoblauch und Zwiebeln futtert, obwohl er ein Date mir dir hat, oder sogar vergisst, dass Rülpsen & Co. dich nicht gerade scharfmachen.

TIPP Bevor du die Nase rümpfst und ihm sagst, dass er verduften kann, zeig ihm die Gelbe Karte, auf der steht: Mir stinkt´s! Und streik auch ruhig mal im Bett, wenn du ihn nicht gut riechen kannst.

DOOFE SPRÜCHE

SOS Bei manchen seiner Macho- sprüche fällt dir einfach nichts mehr ein. Da wünschst du dir nur: Hoffentlich fragt er nach dem Sex nicht: »Na, wie war ich?«

TIPP Entweder du nimmst, was er gelegentlich von sich lässt, nicht so tierisch ernst oder du sagst ihm, dass seine Sprüche peinlich sind, dich sprachlos machen und nicht so antörnend sind, wie er vielleicht denkt.

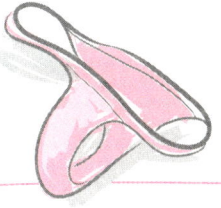

FALSCH GEDACHT! IRRTÜMER IN SACHEN SEX

Da gibt es ja die verrücktesten Behauptungen. Doch nicht alles stimmt genau so, wie es andere einfach behaupten. Lass dich also nicht verwirren!

❦ Mit 13 noch KEINEN Freund – da bin ich doch total out!

Keine Spur! Mit 13 ist es voll normal nur mit Freundinnen was zu unternehmen. Ein Freund kann echt noch warten. Vielleicht haben gleichaltrige **Mädchen** einen Schwarm, aber richtige Pärchen sind absolut die Ausnahme und meistens ist bei denen nach ein paar Tagen oder Wochen auch schon wieder Schluss. Dann ist Liebeskummer angesagt. Den brauchst du noch nicht! Noch was:

Sex ist übrigens vom **Gesetz** her erst mit 14 Jahren erlaubt. Also lass dir Zeit.

❦ Als Mädchen den ersten Schritt machen – das ist doch voll peinlich!

Gar nicht! Nimm dein Glück doch selbst in die Hand. Das ist mutig. Wie soll dein **Favorit** denn wissen, was du empfindest, wenn du ihm keine Signale sendest. Eine nette **SMS** an ihn, dann klingelt´s bei ihm und zwar nicht nur auf dem Handy.

❤ Schüchterne Mädchen sind langweilig für Jungs?

Absolut nicht! Sogar die frechsten **Girls** vergessen ihre große Klappe, wenn sie verliebt sind. Also bist du schüchtern, wirst du verlegen und rot, wenn dich ein **Junge** anspricht? Das ist voll in Ordnung. Auch Jungs reagieren so und wissen oft nicht, wie sie an die Angebetete rankommen.

❤ Jungs wollen nur das EINE – So ist das doch!?

Stopp! Egal wie cool die Jungs auch tun, ihr **Herz** ist nicht tiefgefroren. Sind die Boys verliebt, dann haben sie genauso Schmetterlinge im **Bauch** und wollen nur eins – nämlich, dass sich ihr Traumgirl für sie interessiert und ihre Gefühle erwidert.

❤ Je eifersüchtiger, desto verliebter – oder?

Ganz anders! **Verliebte** vertrauen einander. Ein bisschen Eifersucht, ist schön, ständige **Eifersuchtsszenen** sind hässlich.

❤ Nur im sexy Outfit hat man Chancen bei Jungs

Augenblick mal, die Klamotten alleine machen´s nicht! Da gibt es eine ganze **Menge** Jungs, die zu viel Styling und Make-up sogar abtörnend finden. Und was **Boys** sexy finden, ist nicht immer das, was Mädchen glauben, worauf die Jungs stehn. Das Rennen machst du bei deinem **Schwarm** auch im sportlichen Outfit.

❤ Jungs und Treusein, das klappt doch nie!

Das ist nicht fair! Jungs sind absolut in der **Lage**, ihr Herz an nur ein Mädchen zu verschenken. Sind sie mit der festen **Freundin** glücklich, setzen sie die Beziehung nicht einfach so aufs Spiel. Übrigens: Fremdgehen, das tun auch **Mädchen**, oder?

❤ Will ich nicht mit ihm schlafen, sucht er sich eine andere!

Denk mal positiv und selbstbewusst. Du bist doch was **Besonderes,** auch für ihn, und nicht so schnell zu ersetzen. Und denk außerdem mal scharf nach: Es gibt ja außer miteinander zu schlafen noch andere **Möglichkeiten** ihm deine Liebe zu zeigen, und andere Dinge, die **Spaß** machen. Also setz dich nicht unter Druck, sonst wird das dann eh nichts.

🍂 Schwanger beim ersten Mal - Das geht doch gar nicht!

Fehler, falsch gedacht: Du kannst auch schon beim ersten Mal schwanger werden! Dazu genügt eine Samenzelle, die eine **Eizelle** befruchtet. Geh also kein Risiko ein! Verhüten ist bei jedem **Geschlechtsverkehr** unbedingt angesagt – auch beim ersten.

🍂 Seine EX war bestimmt BESSER im Bett!

Unsinn! Das sind doch alles nur Hirngespinste. Also mach dich nicht verrückt. Die EX ist **Schnee** von gestern und vermutlich kann er sich gar nicht mehr daran erinnern, wie's mit ihr war. Jetzt bist DU seine Freundin, jetzt macht er **Liebe** mit dir und denk daran: Du bist das Beste, was deinem Freund passieren kann.

🍂 Geht ER mit seinen Kumpels weg, will er nur andere Mädchen aufreißen!

Von wegen, da kennst du die **Boys** aber schlecht! Wenn Jungs sich treffen, geht´s um **Jungsthemen** und um nichts anderes: Fußball, Musik, Computerspiele. Natürlich reden sie auch über Mädchen.

Aber quatschen nicht auch Mädels mit ihren Freundinnen über Jungs?

🍂 Wenn ich einen Freund habe, ist Selbstbefriedigung VERBOTEN!

Wo steht das denn? Selbstbefriedigung ist nicht **Fremdgehen,** dabei ist kein anderer Junge im Spiel. Es geht »nur« um dich, um deinen Körper, um deine Lust ... das ist auf jeden Fall erlaubt. Schlechtes Gewissen, warum eigentlich? Es ist **dein Ding,** dein Geheimnis – davon muss niemand was wissen, auch dein Freund nicht. Und was Mädchen dürfen, dürfen natürlich auch Jungs.

🍂 Panik vorm ersten Mal – das kennen Jungs nicht!

Nur weil Jungs öfter so tun, als wären sie die »**Super-Sexexperten**«, heißt das noch lange nicht, dass ihnen vorm ersten Mal nicht das **Herz** in die Hose rutscht. Sie probieren schließlich auch was ganz Neues aus.

🍂 OHNE Kondom mit ihm zu schlafen, ist doch NULL GEFÄHRLICH!

Kondome schützen nicht nur vor einer Schwangerschaft, sondern auch vor ansteckenden **Krankheiten,** auch vor Aids. Also geh bitte kein Risiko ein! Schlaf nicht ohne Kondom mit einem Jungen (auch wenn du die **Pille** nimmst), bis du dir nicht sicher bist, dass er keine Geschlechtskrankheiten hat.

😛 Hat er mal keine Lust im Bett, findet er MICH nicht sexy!

Glaub doch so was nicht! Stress ist der **Lustkiller** und den haben Jungs bekanntlich auch. Deshalb mach ihm nicht noch mehr davon, wenn´s mal nicht klappt. Ein **Durchhänger** ist doch nicht schlimm. Schließlich hängt doch sogar der Computer mal.

😛 Nur mit VIEL Busen hab ich Chancen bei Jungs!

Ob A-, B- oder C-Körbchen beim BH: Die Jungs messen nicht nach, bevor sie sich in dich verlieben. Warum auch, du bestehst doch nicht nur aus **Busen,** oder würdest du einen Jungen abblitzen lassen, nur weil er weniger »**Muckis**« hat als die bodygestylten Typen aus dem Fitnessstudio? Das ist doch total oberflächlich. Wenn ein Junge sich in dich verliebt spielen noch ganz andere Faktoren eine Rolle.

😛 Ohne Orgasmus macht Sex KEINEN Spaß!

Und ob! Auch »ohne« ist das ein riesiges **Gefühl**, miteinander zu schlafen und sich hautnah zu sein. Was will man(n) mehr? Das mit dem **Orgasmus** kommt irgendwann ganz von selbst – wahrscheinlich dann, wenn du gar nicht daran denkst.

😛 Guckt er andern Mädchen hinterher, steht er nicht wirklich auf MICH!

Auch total verliebte Jungs sind nicht ganz blind.

Und was ist schon dabei, wenn sie mal einen **Blick** riskieren. Das Wichtigste gehört doch dir – nämlich sein Herz. Und wenn du ehrlich bist, gibt´s doch auch den einen oder andern Jungen, den du für ein »**Sahneschnittchen**« hältst, oder?

😛 Schläft er danach ein, war der Sex für ihn total LANGWEILIG!

Jungs sind hinterher einfach ausgepowert, da nicken sie schon mal weg. Nach einer kleinen **Pause** sind sie dann meistens wieder fit und einsatzbereit. Also kann´s doch gar nicht so **langweilig** gewesen sein, oder?

💋 Wenn Schluss ist, kann man trotzdem »gute Freunde« bleiben!

Wie soll das denn funktionieren? Sobald einer von beiden noch **Gefühle** hat, ist eine normale Freundschaft fast ein Ding der Unmöglichkeit. Das tut doch nur weh, weil das was vorher mal war, nicht mehr möglich ist – nämlich **Liebe,** Lust, Leidenschaft und Zärtlichkeit.

💋 Geht er EINMAL fremd, geht er immer fremd!

Dann würden Jungs nie was aus einem Fehler lernen. Ein **Seitensprung** ist was Schlimmes, aber vielleicht hat er ja eine zweite Chance verdient, wenn er bereut und sich richtig **Mühe** gibt, dir zu beweisen, dass er nur DICH wirklich liebt.

💋 Mädchen, die gerne flirten, gehen mit Jungs auch GLEICH ins Bett!

Da unterstellst du etwas, was so nicht stimmt. Flirten ist flirten, und nicht mehr. Erst mal ist das eine lockere **Kontaktaufnahme**, das Mädchen möchte so nur testen, wie es bei Jungs ankommt. Ein **Flirt** ist nicht automatisch ein Versprechen, dass noch mehr laufen könnte.

💋 Jungs können mit Mädchen unmöglich NUR befreundet sein!

Alles ist möglich, auch das! Da läuft nicht gleich immer was im Bett, wenn sich zwei super verstehen. Stimmt zwar die **Chemie** zwischen den beiden, fehlt aber die gewisse **Spannung**, wird´s auch nicht gefährlich.

💋 Sex ohne Liebe – das geht NUR bei Jungs und nicht bei Mädchen!

Gute Mädchen – böse Jungs, auch das stimmt so nicht. Auch wenn du vielleicht anders bist und nur mit einem Jungen **Sex** hast, in den du total verliebt bist ... Es gibt auch Girls, die es spannend finden, sich auf ein **Sexabenteuer** einzulassen. Und es gibt Jungs, bei denen nur Gefühle erst richtig Lust auf Sex machen.

💋 Jungs fahren VOLL auf Zicken ab!

Ist es nicht eher so, dass Jungs bei »Zickenalarm« die Flucht ergreifen, weil sie gar nicht kapieren, was das eigentlich soll? Mit klaren **Ansagen** können die Boys mehr anfangen, von endlosen Spielchen sind sie meistens schnell genervt. Zicken sind anstrengend. Darauf hat doch echt keiner Bock. Oder du etwa?

💋 Kommt er zu schnell, hat er KEINE Lust auf Sex!

Meistens ist genau das **Gegenteil** der Fall. Er hat irre Lust. Aber die große **Aufregung** und Erregung ... bei dieser Kombi geht er oft ab wie eine Rakete. Beim zweiten Versuch dauert das **Liebesspiel** meistens länger.

💋 Floppt das erste Mal, passen wir NICHT zusammen!

Wenn das so wäre, müssten sich aber viele **Pärchen** nach der ersten Nacht trennen. Denn das erste Mal ist oft nicht das Mega-Highlight. Man(n) ist **nervös**, aufgeregt, will nichts falsch machen, hat meistens nicht viel Erfahrung. Je länger sich beide kennen, desto mehr werden sie ein **Team** im Bett, werden lockerer und vertrauen sich mehr. Also bringt's was, weiter miteinander zu üben.

💋 Hab ich ihm Sex versprochen, MUSS ich das auch tun!

Stopp! Du darfst jederzeit einen **Rückzieher** machen und sagen: »Sorry, ich bin noch nicht so weit, lass uns noch warten.« Nur ihm zuliebe Sex haben, das macht meistens keinen **Spaß**. Denn dazu

gehören immer ZWEI, die sich total wünschen, miteinander zu schlafen.

💋 Beim ersten Mal tut´s IMMER weh!

Das ist nicht wahr! Wenn ein **Mädchen** sich nach Sex mit einem Jungen sehnt, ihm vertraut und weiß, ER ist der **Richtige**, dann ist das erste Mal bei vielen kein schmerzlicher Akt.

💋 VOR der ersten Regel kann ich nicht schwanger werden!

Doch, und zwar dann, wenn du mit einem Jungen genau zu dem Zeitpunkt schläfst, wenn in deinem **Körper** die erste Eizelle heranreift und sein Samen sie dann befruchtet. Und da du nicht weißt, wann das ist, weil du ja vorher noch nie deine **Tage** hattest, ist es wichtig, auch in diesem Fall zu verhüten.

💋 Will ich nicht mit ihm schlafen, bin ich nicht WIRKLICH verliebt!

Lass dir das von keinem Jungen einreden! **Schmetterlinge** im Bauch, Herzklopfen, du denkst nur an ihn und bist total glücklich, wenn ihr zusammen seid – dann bist du verliebt. Um diese **Gefühle** zu erleben, muss man nicht zuerst mit einem Jungen ins Bett.

ℰ Geh ich mit ihm ins Bett, kann ich ihn zurückgewinnen!

Mit dieser Ansicht könntest du dich auf ganz dünnem **Eis** befinden. Hat dein Freund dich verlassen, könnte es sein, dass er trotzdem gerne mit dir Sex hat. Aber eine **Garantie,** dass er sich deswegen wieder in dich verliebt und ihr wieder ein Paar werdet, gibt es leider nicht. Also Vorsicht!

ℰ STREIT gehabt? Im Bett wird alles wieder gut!

Zoff ist erst mal ein Lustkiller, vor allem bei Mädchen. Deshalb ist der beste Weg zur **Versöhnung,** erst mal darüber zu reden. Erst wenn alle **Missverständnisse** vom Tisch sind, ist Kuscheln angesagt und ...

ℰ Einen Orgasmus ERKENNT man(n), wenn das Mädchen laut stöhnt und schreit!

Laute Geräusche alleine machen noch keinen Orgasmus. Es gibt Mädchen, die ganz still genießen, welche, die schneller atmen, welche, die dabei ihre **Augen** verdrehen oder bei denen die Tränen rollen. Jedes Mädchen (auch jeder Junge) ist anders, hat ein anderes **Temperament** – auch im Bett.

ℰ Ohne Kondome fühlt der Junge MEHR!

Das ist immer noch eine beliebte **Ausrede** bei Jungs, die nicht gerne Kondome verwenden wollen. Lass dich nicht darauf ein, deshalb ohne **Verhütung** Sex mit ihm zu haben. Es gibt Kondome, die sind total gefühlsecht. Garantiert! Verhütung geht immer vor.

DER WEIBLICHE ZYKLUS:
Eine Achterbahn der (Sex-)Hormone

Ein Zyklus (also vom ersten Tag der Blutung bis zum Eintritt der nächsten Periode) dauert ungefähr 28 Tage und wiederholt sich immer wieder – im Leben einer Frau ungefähr 350 bis 400 Mal. Dabei sind die Hormone besonders aktiv. Dein Hormonspiegel steigt und fällt und schlägt sogar richtige Purzelbäume. Das beeinflusst deinen Körper, deine Gefühle, deine Fitness, dein Bedürfnis nach Liebe und Sex und deine Schönheit.

1. bis 7. TAG:

BODY: Deine Monatsblutung setzt ein. In deinem Körper sinkt der Hormonspiegel, und zwar in rasender Geschwindigkeit. Jetzt stellst du vielleicht fest, dass du öfter auf die Toilette musst. Keine Sorge, du hast nichts an der Blase! Du verlierst nur viel Flüssigkeit und somit auch an Gewicht. Bis zu zwei Kilo können das sein. Deshalb fühlst du dich auch erleichtert. Hast du vor der Periode noch gedacht, dass du deine Jeans eine Nummer größer kaufen müsstest, plötzlich passt sie wieder. Es zwickt und spannt nichts mehr.

FITNESS: Während der Tage fühlst du dich schlapp und willst nur noch chillen ... das ist voll in Ordnung. Mit Freundinnen abhängen, macht doch auch Spaß und wenn nach vier Tagen deine Blutungen schwächer werden, bist du wieder voll am Start.

BEAUTY: Sorry, aber es könnte sein, dass du jetzt verstärkt am Pickelstift drehst, um die kleinen Pickelchen abzudecken. Bist du sowieso lieber zu Hause, dann nutze die Zeit und leg eine Reinigungsmaske auf.

7. bis 12./13. TAG:

BODY: Es geht wieder aufwärts! Schlappmachen ist jetzt nicht mehr angesagt. Deine Lebensgeister melden sich zurück.

BEAUTY: Es ist fast wie ein Wunder. Ganz viele weibliche Hormone machen deine Haut schön. Jetzt kannst du den Abdeckstift getrost zu Hause vergessen.

GEFÜHLE: Du strahlst von innen heraus. Das spüren auch die Jungs. Deine Wirkung ist sensationell. Wie wär´s mit einem Date?

LIEBE UND SEX: Jetzt fährst du deine Kontaktantennen voll aus, bist total gefühlvoll, romantisch und stehst auf Kuschelstunden zu zweit. Vorsicht, auch wenn's mit deinem Traumtyp noch so schön ist: Vergiss nicht zu verhüten, wenn zwischen euch mehr läuft als flirten, küssen und streicheln. Ohne Verhütung ist es immer gefährlich!

13./14. bis 17. TAG:
BODY: Jetzt ist die Mitte des Zyklus. Das bedeutet, es ist die Zeit des Eisprungs. Es gibt Mädchen, die dann ein leichtes Ziehen im Bauch spüren, fast so, als würden sie die Periode bekommen. Oft hilft schon ein warmes Bad oder eine Wärmflasche auf dem Bauch.
Möglich ist auch, dass du Nachts aufwachst und zum Kühlschrank schleichst. Dein Heißhunger auf Süßes lässt dich einfach nicht schlafen. Besser wäre allerdings, du würdest in einen Apfel oder in eine Banane beißen, als die Schoko-Torte zu vernaschen. Denn dein Körper will gerade Pfündchen bunkern.
GEFÜHLE: Du fühlst dich total verführerisch und sexy. Viele Mädchen sind in dieser Zeit auch besonders eifersüchtig. Könntest du schon bei

dem Gedanken an eine Rivalin auf die Palme gehen? Nicht doch! Bleib cool, Eifersuchtsszenen müssen doch nicht sein.
LIEBE UND SEX: Jetzt kann es gut sein, dass du sexuell besonders aktiv wirst und große Lust hast, mit deinem Freund auf Wolke sieben abzuheben. Bevor du mit ihm allerdings im Himmelbett landest, noch mal der Hinweis: Nicht leichtsinnig werden, denk an die Verhütung!

17. bis 20./21. TAG:
BODY: Falls du als Naschkatze doch zu heftig zugeschlagen haben solltest, jetzt purzeln die Pfunde wieder! Die Gelbkörperhormone sind nämlich mega-aktiv, dein Stoffwechsel läuft auf Hochtouren, eine Menge Kalorien werden verbrannt. Wenn du willst, könntest du erfolgreich eine Mini-Diät starten.
GEFÜHLE: Himmelhoch jauchzend an einem Tag und am nächsten total down ... Das kann schon passieren. Um den 19. und 20. Tag des Zyklus machen nämlich die Hormone, was sie wollen. Du könntest leicht zu ihrem Spielball werden. Wehr dich! Geh raus, triff dich mit deinen Freunden und lass dich ablenken. Bist du allerdings

depri oder megaschlecht drauf, lass die miese Laune nicht an der Clique oder deinem Freund aus. Sie können nichts dafür. Um Stress und Zoff zu vermeiden, wär's fast besser, du verschiebst ein Treffen. Schlaf eine Nacht darüber, am nächsten Morgen scheint schon wieder die Sonne.

LIEBE UND SEX: Die Hormone, die bei dir das große Kribbeln verursachen und Lust auf Sex machen, fallen um den 21. Tag in den Keller. Es besteht die Gefahr, dass sich dein Freund bei dir einen Rüffel abholt oder eine Abfuhr einholt. Warne ihn vor, dass mit dir im Moment nicht gut Kirschen essen ist.

21./22. bis 24. TAG:

FITNESS: Du könntest Bäume ausreißen, dein Powertank ist voll. Es sind mal wieder die weiblichen Hormone, die dich rekordverdächtig puschen. Dein Körper kriegt verstärkt Sauerstoff. Es prickelt also! Du kannst nicht stillsitzen, hast Hummeln im Hintern.

GEFÜHLE: Du willst was erleben, fühlst dich stark und mutig. Jetzt versauerst du garantiert nicht zu Hause, jetzt willst du richtig Spaß haben. Mobilisiere Freunde!

LIEBE UND SEX: Dich in die Herzen der Jungs zu tanzen, ist gerade eine deiner leichtesten Übungen! So aufgedreht, wie du bist, reißt du sie doch reihenweise vom Hocker!

BEAUTY: Zum Glück ist es dir nicht so besonders wichtig, ob dein Styling auch wirklich perfekt ist. Denn um den 23./24. Tag könnte es sein, dass deine Frisur einfach nicht hält. Gib dir also keine Mühe, die Haare kunstvoll aufzutürmen. Du wirkst auch so voll verlockend.

25. bis 28. TAG:

BODY: Dein Körper lagert Wasser ein, du empfindest ein Spannen in den Brüsten, sie kommen dir dicker und praller vor. Tun deine Brustwarzen weh, hilft ein Eiswürfel aus dem Gefrierfach. Das kühlt so schön! Verzichte jetzt auf salzige Snacks, denn Salz bindet noch mehr Wasser im Körper. Hast du dagegen Lust auf Schoki & Co., dann kannst du gerne mal eine kleine Sünde begehen. Durch den Anstieg der Hormone ist nämlich dein Blutzuckerspiegel gesunken. Du brauchst neue Energie, du brauchst Süßes!

GEFÜHLE: Ziehen da etwa graue Wölkchen am Himmel auf? Schon möglich, dass Hormonschwankungen vor der Periode bei dir für Krisenstimmung sorgen und den Zickenalarm auslösen. Die Tage vor den Tagen haben eben so ihre Tücken. Und weil du das weißt, bist du so fair und suchst die Schuld nicht bei den andern, oder? Ein pflanzliches Mittel gegen schlechte Laune und Brustspannen ist Mönchspfeffer. Frag in der Apotheke nach, in welcher Dosis du das Mittel einnehmen solltest! Bist du genervt und gereizt? Gib ein paar Tropfen Rosen-, Vanille- oder Jojoba-Öl aus der Apotheke oder dem Asien-Shop in die Duftlampe oder ins Badewasser. Die ätherischen Öle, beruhigen deine Seele.

ABER SICHER DOCH ...

Was du über Verhütung wissen solltest

Liebe machen ist die schönste Sache der Welt. Geh also kein Risiko ein, sorge dafür, dass nichts passieren kann, und denk vorher an Verhütung!

KONDOM

☛ **So wirkt es:** Das Kondom ist nicht nur ein Verhütungsmittel, sondern auch der EINZIGE SCHUTZ vor ansteckenden Geschlechtskrankheiten, auch vor Aids. Das Kondom besteht aus einem hautdünnen Gummimaterial. Wenn du es aus der Verpackung nimmst, sieht es aus wie ein »Hütchen«, abgerollt wie ein »Söckchen«. An der Spitze des Kondoms befindet sich so was wie ein riesiger Nippel. Dort ist Platz für die Samenflüssigkeit. Das Kondom wird übergestreift, wenn der Penis steif ist, und noch bevor er mit der Scheide in Berührung kommt.

☛ **So wird´s gemacht:**

➤ Die Vorhaut (falls der Junge nicht beschnitten ist) zurückziehen, das Kondom vorne an der Penisspitze aufsetzen und abrollen.

➤ Die kleine Ausbuchtung vorne am Kondom, in der die Samenflüssigkeit Platz hat, mit Daumen und Zeigefinger vor dem Abrollen vorsichtig zudrücken, damit keine Luft darin bleibt.

➤ Das Kondom ganz abrollen!

Bitte aufpassen, dass es an der Peniswurzel (sie befindet sich in den Schamhaaren) richtig und fest sitzt.

➤ Nach dem Sex den noch steifen Penis zusammen mit dem Kondom aus der Scheide ziehen. Damit es nicht abrutscht und in der Scheide bleibt, hält man(n) es mit Daumen und Zeigefinger fest.

! Aufgepasst! Kondome sind gefühlsecht und beim Sex keine Spaßbremse. Es gibt also keine Ausrede, kein Kondom zu verwenden!

➤ **Angesagt** sind nur Markenkondome, die mit einem Prüfsiegel versehen sind und bei denen das Verfallsdatum noch nicht abgelaufen ist.

Vorsicht!

Spitze Fingernägeln oder andere scharfe Gegenstände können das Kondom beschädigen. Auch sollte es nicht tagelang in der Sonne liegen oder wochenlang in der engen Jeanstasche transportiert werden. Und weit weg mit allem, was nach Öl aussieht! Öl zerstört nämlich das Kondom.

➤ **Kondome** gibt´s rezeptfrei in Apotheken, Drogerien, großen Kaufhäusern, Supermärkten, Tankstellen oder im Internet.

Übrigens: Es gibt Kondome für Jungs, bei denen der Penis noch nicht ganz ausgewachsen ist, und Kondome für Jungs, die das Latexmaterial eines normalen Kondoms nicht vertragen.

Noch mehr Infos gibt´s ab Seite 115.

PILLE

☞ **So wirkt sie:** Das kleine runde Ding enthält künstliche Hormone. Die Pille verhindert, dass eine Eizelle in deinem Körper heranreift und dann befruchtet werden könnte. So kann es nicht zu einer Schwangerschaft kommen.

☞ **So wird sie eingenommen:**

➤ Nimmst du zum ersten Mal die Pille, musst du am ersten Tag der Periode mit der Pille starten. Nur dann wirkt sie sicher!

➤ Gewöhn dich daran, die Pille täglich zur gleichen Zeit zu schlucken. Damit du dich daran erinnerst, leg die Pillenpackung neben den Wecker, dein Handy, in deinen Zahnputzbecher oder in dein Schminktäschchen. Hast du ein Streuselkuchengedächtnis, lass dich erinnern, z. B. von deinem Handy.

➤ Ist die Pillenpackung zu Ende, ist bei den meisten Pillen sieben Tage Pause mit der Einnahme. In dieser Zeit bekommst du eine Art Regelblutung. Keine Sorge, auch in der Pause wirkt der Verhütungsschutz weiter!

Danach fängst du mit der neuen Pillenpackung an.

Vorsicht!

Hast du die Pille vergessen, kannst du sie bis zu zwölf Stunden danach noch einnehmen. Später gilt nicht! Das ist zu gefährlich. Denk daran: Dann musst du zusätzlich bis zur nächsten Pillenpackung noch anders verhüten, z. B. mit Kondomen.

Aufgepasst! Hast du Durchfall oder Erbrechen, geh bitte auf Nummer sicher und verwende bis zur nächsten Pillenpackung zusätzlich ein anderes Verhütungsmittel (z. B. Kondome). Nimmst du andere Medikamente, z. B. Antibiotika oder Schmerzmittel, kann die Wirkung der Pille ebenfalls herabgesetzt sein. Bitte erkundige dich genau beim Arzt oder Apotheker, ob die Pille noch sicher wirkt. Das ist wichtig, damit auch wirklich nichts passiert.

➤ Die Pille kann dir nur der Frauenarzt verschreiben. Mit einem Rezept bekommst du die Pille bis zu deinem 20. Geburtstag kostenlos in der Apotheke. Du zahlst dann nur die Rezeptgebühr.

NEU: Die 24vier-Pille! Mehr dazu findest du auf Seite 132.

VAGINALRING

☞ **So wirkt er:** Der Vaginalring (er heißt NuvaRing) ist ein weicher Kunststoffring, den das Mädchen tief in die Scheide einführt. Im Innern des Rings befinden sich künstliche Hormone, die in kleinen Dosen automatisch an den Körper abgegeben werden.

☞ **So wird er angewendet:**

➤ Lass dir vom (Frauen-)Arzt genau erklären, wie du den Ring am besten einsetzt. Lies dir den Beipackzettel genau durch.

➤ Keine Sorge! Mit etwas Übung klappt das mit dem Ring genauso problemlos wie mit einem Tampon. Sitzt er richtig, spürst du ihn nicht.

➤ Du drückst den Ring einfach in der Mitte zusammen, sodass er ganz schmal wird. So kannst du ihn in die Scheide einführen.

➤ Verwendest du zum ersten Mal diese Verhütungsmethode, setz den Ring am besten am ersten Tag der Periode ein. Danach bleibt der Ring drei Wochen in der Scheide. Danach wird er mit den Fingern wieder entfernt. In der folgenden Woche ist Pause, es ist also kein Ring in der Scheide. In dieser Zeit kommt es zu einer Monatsblutung. Nach Ablauf dieser Woche wird ein neuer Ring eingesetzt.

❗ Achtung! Auch in der »ringfreien« Zeit ist der Verhütungsschutz sicher. Führ den Ring am besten immer am gleichen Wochentag ein.

➤ **Den Vaginalring** kann nur der Frauenarzt verschreiben. Auf Rezept bekommst du den Ring in der Apotheke, bis zu deinem 20. Geburtstag kostenlos. Es fällt nur eine Rezeptgebühr an.

Vorteil: Du musst nicht ständig an die tägliche Einnahme denken!

Vorsicht!

Verwendest du zum ersten Mal einen Vaginalring, solltest du die ersten sieben Tage zusätzlich verhüten (z. B. mit einem Kondom). Verrutscht der Ring (was selten passiert) beim Geschlechtsverkehr oder beim Entfernen des Tampons, SOFORT wieder einsetzen! Vergehen mehr als DREI Stunden, bis du ihn wieder eingeführt hast, solltest du unbedingt die nächsten sieben Tage zusätzlich verhüten, zum Beispiel mit Kondomen.

VERHÜTUNGSPFLASTER

☛ **So wirkt es:** Das Verhütungspflaster (es heißt Evra) ist etwa 5 x 5 cm groß. Im Pflaster befinden sich Hormone, die vollautomatisch über die Blutbahn in den Körper gelangen. So wird eine Schwangerschaft verhindert.

☛ **So wird es angewendet:**

➤ Das Pflaster kannst du am Oberarm, Bauch, Po oder Oberschenkel, nur nicht auf den Busen festdrücken. Die Hautstelle sollte trocken und fettfrei sein, damit es besser klebt.

➤ Drei Wochen lang musst du ohne Unterbrechung drei Pflaster hintereinander verwenden. Also brauchst du alle sieben Tage ein neues Pflaster. Nach drei Wochen ist eine Pause angesagt. Dann kommt es wie bei der Pille oder dem Vaginalring zu einer Monatsblutung.

➤ Es klebt normalerweise so fest auf der Haut, dass du damit sogar schwimmen gehen kannst.

! Achtung! Auch in der pflasterfreien Woche ist der Verhütungsschutz voll da.

Vorsicht!

Klebt das Verhütungspflaster nicht mehr richtig oder ist es verrutscht, dann sofort (spätestens nach 24 Stunden) ein neues verwenden und exakt an die Stelle kleben, wo sich vorher das alte Pflaster befunden hat. Ist das Pflaster länger als 24 Stunden nicht auf der Haut, dann sofort ein neues verwenden. In der ersten Woche muss in diesem Fall zusätzlich noch anders verhütet werden, z. B. mit Kondomen.

➤ Das Verhütungspflaster kann nur vom Frauenarzt verschrieben werden. Mit dem Rezept bekommst du es dann in der Apotheke. Bis zum 20. Geburtstag bekommst du die Pflaster wie die Pille und den Vaginalring kostenlos.

Info: Die Anwendung ist etwas kompliziert. Deshalb ist diese Verhütungsmethode für junge Mädchen nicht besonders gut geeignet. Für Frauen über 90 Kilo ist es kein sicheres Verhütungsmittel.

HORMONIMPLANTAT

☛ **So wirkt es:** Das Hormonimplantat ist ein weiches, dünnes Kunststoffstäbchen, das zwischen dem 1. und 5. Zyklustag (also noch während der Periode) vom Frauenarzt oder einer Frauenärztin durch einen kleinen chirurgischen Eingriff an der Innenseite des Oberarms unter der Haut eingesetzt wird. Das Stäbchen gibt automatisch kleine Hormonmengen ab und verhindert so bis zu drei Jahre lang eine ungewollte Schwangerschaft. Der praktische Nebeneffekt ist, dass du auch hier die Einnahme quasi nicht vergessen kannst.

Info: Bei jungen Frauen wird diese Verhütungsmethode fast überhaupt nicht angewendet. Bis 18 Jahre bräuchte man nämlich für den chirurgischen Eingriff die Erlaubnis der Eltern.

HORMONSPIRALE

☛ **So wirkt sie:** Die Hormonspirale ist ein kleines, leicht biegsames T-förmiges Gebilde mit einem eingebauten Hormonspeicher. Von dort werden kleine Mengen Hormone in den Körper abgegeben. Dadurch wird eine ungewollte Schwangerschaft verhindert. Die Spirale wird in der frauenärztlichen Praxis in die Gebärmutter eingesetzt und kann dort bis zu fünf Jahre verbleiben.

Info: Wird selten bei jungen Frauen eingesetzt, die noch nicht schwanger waren bzw. noch nicht lange ihre Periode haben.

DIAPHRAGMA

☛ **So wirkt es**: Das Diaphragma ist ein biegsamer Ring mit einer gespannten Gummihaut. Es ist in drei unterschiedlichen Größen erhältlich. Die richtige Größe wird vom Frauenarzt angepasst.

☛ **So wird es angewendet**: Die »Gummikappe« wird mit einem samenabtötenden Gel bestrichen und dann etwa zwei Stunden vor dem Geschlechtsverkehr von dem Mädchen in die Scheide eingesetzt. Das Diaphragma bildet eine Art Barriere vor der Gebärmutter. Das ist wie ein Stoppschild für die Spermien. Sie kommen nicht mehr weiter, kommen nicht in die Gebärmutter und können so keine Eizelle befruchten. Sechs bis acht Stunden nach dem Sex kann das Diaphragma wieder entfernt werden. So lang muss das Mädchen warten, damit die Samenflüssigkeit ungefährlich geworden ist. Ein Diaphragma kann etwa zwei Jahre benutzt werden und kostet ca. 30,- €.

> **TIPP** *Um ganz sicher zu verhüten, sollten junge Frauen diese Verhütungsmethode besser nur zusammen mit einem Kondom anwenden!*

VERHÜTUNGSKAPPE

☛ **So wirkt sie:** Diese Verhütungskappe besteht aus Silikon und funktioniert fast so wie ein Diaphragma. Allerdings gibt es sie nur in einer Größe und ist rezeptfrei in der Apotheke erhältlich (Preis ca. 50,- €).

☞ **Nicht vergessen!** Auch sie muss mit samenabtötendem Gel bestrichen werden.

> **TIPP** *Diese Verhütungsmethode sollte von jungen Frauen nur zusammen mit einem Kondom benutzt werden. Das Risiko einer ungewollten Schwangerschaft ist sonst einfach noch zu groß.*

ER PASST AUF!

❣ Der Junge kann dir versprechen, dass er einen Rückzieher macht und rechtzeitig vor dem Samenerguss seinen Penis aus der Scheide zieht ... Verlass dich NICHT darauf, das schafft er nicht. Denn oft ist der Typ so aufgeregt und erregt, dass er voll überraschend »kommt« und dann ist es passiert. Außerdem können schon vor dem Samenerguss Spermien in die Scheide gelangen. Mehr dazu erfährst du auf Seite 72.

UNFRUCHTBARE TAGE

❣ Das Errechnen der Tage, an denen du nicht schwanger werden kannst, ist für junge Mädchen ein Ding der UNMÖGLICHKEIT. Schließ-

lich ist dein Zyklus noch ziemlich unregelmäßig. Außerdem können die Spermien auch noch fast eine Woche in der Scheide überleben und dort auf eine befruchtungsfähige Eizelle lauern. Das Risiko ist also viel zu groß! Deshalb: Verhüte bitte bei jedem Geschlechtsverkehr!

»PILLE DANACH«

❣ Es kann schon mal eine Panne bei der Verhütung passieren. In diesem Notfall, ist die »Pille danach« die Rettung.
Mehr dazu erfährst du auf Seite 129.
ACHTUNG: Die Pille danach im Notfall sofort schlucken!

»SPIRALE DANACH«

❣ Sind etwas mehr als 72 Stunden nach einem ungeschützten Geschlechtsverkehr vergangen, geh zum Frauenarzt und frag nach, ob für dich die »Spirale danach« infrage kommt.

Teil II

Love – Sex – Facts & More

AUFGEPASST!
(S)EINE VERHÜTUNGSMETHODE, DIE FLOPPT!

VORSICHT, WENN ER EINEN RÜCK-ZIEHER MACHT!

»Mach dir keine Sorgen, ich pass schon auf!« Diesen Spruch bringen Jungs immer noch und meinen damit, dass sie beim **Geschlechts-verkehr** vorsichtig sind, dass nichts passiert – also dass keine Schwangerschaft entsteht. Leider heißt das aber nicht, dass sie ein Kondom verwenden. Nein, sie wollen einen Rückzieher machen, den Geschlechtsverkehr unterbrechen oder wie es auf Lateinisch heißt: einen **Coitus interruptus** versuchen. Diese Art der Verhütungsmethode ist so was von OUT, weil total unsicher! Immerhin werden so 20 bis 30 Prozent der Frauen schwanger. Lass dich nicht darauf ein!

SO GEHT DAS ABER NICHT!

Schläft ein Pärchen miteinander, hat der Junge meistens einen **Samenerguss** – das Fachwort dafür ist Ejakulation. Will der Junge »aufpassen«, dann versucht er zu spüren oder zu erahnen, wann es bei ihm so weit ist. Und kurz bevor er dann wirklich »kommt«, also bevor er eine **Ejakulation** hat, versucht er seinen Penis aus der Scheide des Mädchens zu ziehen. So, denkt er, kommt kein Sperma in die Scheide und damit besteht auch keine Gefahr für eine Schwangerschaft. Aber es gibt absolut keine **Garantie** dafür, dass der Junge den Zeitpunkt seines Samengusses wirklich so genau steuern kann. Schließlich ist er ja nicht unbedingt voll mit dem Kopf dabei, wenn er mit einem Mädchen schläft. Beim Sex vergessen die meisten Jungs eben auch, was da um sie herum passiert. Sie sind eher mit ihrer Lust und mit ihrer Partnerin beschäftigt als mit was anderem. Und gerade kurz vor dem **Orgasmus** ist der Junge am stärksten sexuell erregt. Wie soll er denn da so geistesgegenwärtig sein und es schaffen, plötzlich zu unterbrechen? Das ist vor allem bei jungen Männern fast ein Ding der Unmöglichkeit.

CHECK ES:

☞ **Es macht echt keinen Spaß** beim Geschlechtsverkehr die Kontrolle zu behalten, genau das Gegenteil ist doch angesagt: Man(n) will doch loslassen und die tollen Lustgefühle bis zum Höhepunkt (Orgasmus) genießen. Aber nicht nur für den Jungen ist es der absolute Stress beim Sex, seine **Lustgefühle** zu steuern, auch für das Mädchen ist sein Rückzieher so, als würde kurz vor dem Ende eines total spannenden und aufregenden Films der Fernseher kaputtgehen. So richtig befriedigend ist das dann doch nicht.

☞ **Außerdem sind Jungs** beim

Sex oft so aufgeregt, vor allem wenn sie noch wenig Erfahrung haben oder wenn sie mit einem Mädchen zum ersten Mal schlafen, dass sie viel früher einen Samenerguss bekommen, als sie sich das vorstellen können. Und dann? Sein Spruch: »Sorry, ich hab´s leider nicht gecheckt, jetzt ist es doch passiert«, hilft dann nichts mehr. Viele Mädchen denken dann: Mit einer Dusche danach kriegt man den Samen aus der Scheide. Das ist völlig falsch und stimmt nicht!

☞ **Diese Verhütungsmethode** ist auch so gefährlich, weil schon vor dem eigentlichen Samenerguss des Jungen Samenfäden aus seinem Penis kommen können. Der Körper des Jungen produziert, oft schon bevor es zum Geschlechtsverkehr kommt, sogenannte Lust- oder Liebestropfen. Sie sehen aus wie ein Gel und befeuchten den Penis, damit er besser in die Scheide eindringen kann. In diesen Lusttropfen ist oft schon Samen enthalten. Und ein Samenfaden genügt, um eine Eizelle zu befruchten. Also verlass dich **NIE** darauf, dass bei der Aufpasser-Methode nichts passieren kann. Wenn der Junge kein Kondom zur Hand hat oder du nicht verhütest (zum Beispiel mit der Pille), lass unbedingt die Finger davon! Dann verzichtet lieber darauf, miteinander zu schlafen, und macht anders Sex. Ihr könnt euch ja gegenseitig küssen und streicheln. Petting und Necking sind erlaubt!

☞ »Aufpassen« schützt auch nicht vor ansteckenden Krankheiten, also auch nicht vor Aids. Das kann nur ein Kondom.

Notfall:

Bist du doch schwach geworden und hast ihn aufpassen lassen, vertrau bitte nicht auf dein Glück, dass doch nichts passiert ist. Dann geh bitte innerhalb der nächsten 48 Stunden zum Frauenarzt oder in die Ambulanz eines Krankenhauses und lass dir unbedingt die »Pille danach« verschreiben.

MEHR ALS EINE LIEBESKOMBI:
Wenn Mädchen nicht nur Jungs lieben!

WER MIT WEM?

Ist ein Mädchen nur mit Jungs zusammen oder **umgekehrt**, ist ein Junge ausschließlich an Mädchen interessiert, nennt man das heterosexuell. Sind zwei Mädchen ein Paar, sind sie **homosexuell bzw. lesbisch,** homosexuelle Jungs nennt man auch schwul. Ungefähr 1 bis 2 Prozent haben **sexuelle Gefühle** für beide Geschlechter, das nennt man *bisexuell*. Sie verlieben sich in Jungs und Mädchen.

HERZKLOPFEN AUF BEIDEN SEITEN!

Jeder Mensch ist in der Lage, sowohl Mädchen als auch Jungs zu lieben – **auch körperlich.** Allerdings (ungefähr 90 bis 95 Prozent) entscheiden sich für eine (sexuelle) Liebe zum andern Geschlecht. Es kann aber auch sein, dass ein Mädchen für einen **Jungen schwärmt,** sich verliebt und dann plötzlich auch Gefühle für ein Mädchen entwickelt. Diese Empfindungen sorgen erst mal für Verwirrung und Panik. Deshalb versucht man sie weg- zudrücken oder zu unterdrücken. Dabei ist das gar nicht schlimm. In der **Pubertät** fühlen sich viele oft so wie in einem luftleeren Raum, sie wissen nicht genau: wen liebe ich wirklich? Wenn du dich vom Mädchen zur Frau entwickelst, bist du ja in vielen Situationen unsicher und hast wenig Orientierung. Du probierst aus, du testest, was dir guttut und was nicht. Du machst deine ganz eigenen Erfahrun- gen. So üben viele Mädchen den **ersten Zungenkuss** mit der besten Freundin, vielleicht auch du? Na und! Das heißt nicht automatisch gleich, dass du lesbisch bist. Du hast eben das Megavertrauen zu deiner Freundin und willst mit ihr herausbekommen, wie sich ein Kuss anfühlt. Oder du träumst von **sexuellen Erlebnissen** mit Mädchen. Kein Problem, dafür musst du dich nicht schämen. Das erlebst nicht nur du, sondern viele andere Mädchen auch. Und wundere dich auch nicht, wenn du dich danach total in einen Jungen verliebst. Das ist die normalste Sache der Welt. Bei Jungs ist das ähnlich: Sie sind vielleicht zuerst

total heiß auf Mädchen. Trotzdem ist es nicht ausgeschlossen, dass sie irgendwann auch auf einen Jungen abfahren. Irgendwann, das kann schon vor der **Volljährigkeit** mit 18 Jahren oder auch danach sein, entscheiden sich die meisten, ob sie mit einem andersgeschlecht- lichen Partner oder mit einem gleichgeschlechtlichen Partner glücklich werden wollen. 1 - 2 Prozent wollen oder können sich nicht festlegen, sie bleiben dann (für länger) bisexuell und verlieben sich sowohl in das eine als auch in das andere Geschlecht.

CHECK ES:

☞ **In wen man sich verliebt,** ist eine Sache des Herzens, der Sinne und der Chemie zwischen zwei Menschen. Das entscheidet man nicht mit dem Kopf. Deshalb hat auch niemand das Recht, einen andern dafür zu verurteilen, mit wem er glücklich wird.

☞ **Wenn ein Junge** schon mal mit einem Jungen zusammen war, kann es ohne Weiteres sein, dass er sich in ein Mädchen verliebt. Seine Gefühle sind total echt. Wenn dir das passiert, dann zweifle nicht an seiner Liebe. Er wird dich nicht automatisch gleich wieder mit einem Jungen betrügen. Vertrau ihm und denk daran: Für Liebe gibt es sowieso keine Garantien, egal, mit wem man(n) zusammen ist.

☛ **Sex zwischen Mädchen** und Mädchen ist nicht viel anders als zwischen einem Mädchen und einem Jungen. Küssen, Streicheln, Liebkosungen mit den Händen und dem Mund (also Petting) machen macht Spaß. Nur der eigentliche Geschlechtsverkehr geht nicht. Zwischen Jungs und Jungs läuft das im Bett ähnlich

☛ **»Safer Sex«** heißt geschützter Sex und ist notwendig, um sich vor ansteckenden Krankheiten, wie z. B. Aids zu schützen. Wenn Jungs mit Jungs Sex haben, sollten sie deshalb nie auf ein Kondom verzichten.

☛ **Wenn bei dir** das Gefühlschaos ausgebrochen ist und du nicht mehr so richtig weißt, was mit dir los ist, in wen du wirklich verliebt bist, dann schweig nicht.

☛ **Du kannst dir** jederzeit Rat und Hilfe holen. Adressen erfährst du unter: www.liebeschaos.de

DEINE LIPPEN UND SEIN »STIFT«:
Von Blowjobs & anderen Zungenspielen

AUFBLASEN, AUSBLASEN ODER DIE GANZE NUMMER LIEBER ABBLASEN?

»Blowjob« kommt aus dem Englischen, heißt übersetzt blasen und hat was mit Sex zu tun. Kannst du damit nicht unbedingt was anfangen, kein Wunder! Blasen, so wie eine **Kerze ausblasen,** ist damit auch nicht gemeint. Blowjob ist Oralverkehr, Mundverkehr, Sex auf

Französisch. Oder Fellatio genannt, was aus dem **Lateinischen** übersetzt »saugen« bedeutet. Das trifft es schon eher. Denn das Mädchen saugt eher am Glied des Jungen.

IST DAS NACH DEINEM GESCHMACK?

Jemanden »einen blasen« bedeutet, den **Penis des Jungen** mit dem Mund, den Lippen und der

Zunge zu verwöhnen. Bei jungen Mädchen ist diese Art von Sex nicht so wirklich angesagt. Warum? Nun, die Vorstellung, dass sie dabei keine **Luft** bekommt, dass es unangenehm schmecken oder riechen könnte oder dass sie irgendwann Samen schlucken müsste, ist in diesem Alter nicht gerade prickelnd. Ohne **Vertrauen** geht da meistens nichts! Also die Infos, wie´s geht, sind erst mal nur rein theoretisch – einfach, damit du Bescheid weißt, wenn andere davon reden.

Der Junge ist dabei eher passiv, er genießt die Liebkosungen. Entweder liegt, sitzt oder steht er dabei. Das Mädchen ist beim **Blowjob** die **Aktivere,** wenn man also das Wort »Job« ernst nimmt, dann macht sie die (lustvolle) Arbeit. Das männliche Glied ist für **Berührungen** mit **dem Mund,** den Lippen und der Zunge sehr empfänglich. Dabei empfinden die **Jungs** große Lust. Die weiche und warme Mundhöhle erinnert sie vermutlich an etwas anderes.

Um es ganz deutlich zu sagen: an die Scheide des Mädchens. Die Auf- und Ab-Bewegungen mit dem Mund – das könnte sich so anfühlen wie beim Geschlechtsverkehr.

Das Umkreisen der Zunge an der **Penisspitze** (auch Eichel genannt) – da kommen bei ihm das große Kribbeln und das Gänsehautfeeling. Schließlich befinden sich bei Jungs dort besonders **sensible Lustpunkte.** Willst du sein Glied nicht in den Mund nehmen, ist das kein Problem! Teste erst mal ein bisschen aus und verwende seine Penisspitze wie eine Art Lippenstift, und fahr damit über deine geschlossenen **Lippen** oder küss ihn rund um den Penis herum, also auch seinen Bauch, seinen Bauchnabel, seine Lenden, die Innenseiten seiner Oberschenkel …

CHECK ES:

☛ **Auch wenn´s heißt,** Jungs stehen voll auf Oralverkehr, heißt das noch lange nicht, dass du deinem Freund diesen Wunsch erfüllen musst. Also tu nichts, was du nicht selber gerne möchtest. Richtig gut (auch beim Sex) ist nur, was beiden Spaß macht. Wenn du willst, kannst du ihn ja mit der Hand und den Fingern »dort unten« anfassen.

☛ **Mundverkehr ohne Kondom?** Das ist kein Liebesbeweis. Auch wenn ihr anschließend keinen Geschlechtsverkehr macht, schützt ein Kondom auch beim Oralverkehr vor ansteckenden Krankheiten und davor, dass sein Samenerguss in deinen Mund gelangt. Dafür sind schließlich die Kondome mit Geschmack erfunden worden. Und du weißt ja: Ein Kondom verhindert nicht seine sexuellen Empfindungen.

☛ **Wichtig ist nicht nur,** dass du damit voll einverstanden bist, sondern dass sein kleiner Freund total sauber ist. Also ohne eine Vollreinigung vorher geht da

überhaupt nichts. Schließlich riechst und schmeckst du ihn dabei besonders intensiv.

☛ **Verlang von dir nicht zu viel.** Kein Mädchen ist eine geborene Sexexpertin. Mit der Lust, Sex zu machen, fängst du an, gerne zu üben, und so bekommst du immer mehr Erfahrung. Was dich dann auch viel lockerer macht.

☛ **Auf Oralverkehr** stehen vor allem homosexuelle Pärchen. Safer Sex mit einem Kondom ist natürlich auch bei schwulen Jungs voll angesagt.

DER ROMANTIKKICK IM LIEBESNEST
Blümchensex & Kuschelfieber

VOLL IM KUSCHELFIEBER ODER WAS?

Blümchensex ist kuscheln, schmusen, streicheln, also ganz was **Liebevolles, Zärtliches, Sanftes** und **Romantisches**. Es ist Sex in der Missionarsstellung oder in der Löffelchenstellung, dabei können sich zwei Verliebte nämlich so richtig nah sein und sich spüren.

Anstrengungen, Akrobatik im Bett oder Dirty Talk (schmutzige Anmache) ist dabei nicht angesagt. **Blümchensex ist Wohlfühlsex,** und wenn es nicht zum Geschlechtsverkehr kommt, ist das auch okay. Eben so, wie auch schon **die Band die Killerpilze** in ihrem Song „Blümchensex" singen:

» ... Doch ich glaub, du stehst auf Blümchensex, ganz ganz zärtlich und nicht gehetzt ...«

Also das Gegenteil von Spontansex *(auch Quickie genannt)* oder einem **One-Night-Stand,** wo man nur für eine Nacht ins Bett geht und es eigentlich nur um Sex geht.

VON WEGEN NUR WAS FÜR MAUER-BLÜMCHEN!

Blümchensex klingt irgendwie schüchtern und total verliebt, oder? **Küssen und Streicheln** sind dabei extrem wichtig. Wenn zwei zusammen sind, dann verwöhnen sie sich mit vielen Streicheleinheiten, von Kopf bis Fuß. Eine **romantische Atmosphäre** ist dabei total angesagt, also zum Beispiel **Kerzenlicht** und **Schmusesongs**. Das Pärchen nimmt sich alle Zeit der Welt. Sie sehen sich intensiv in die Augen. Sanft und ohne Hektik erkunden sie gegenseitig ihre Körper. Die **Sehnsucht**, den anderen zu spüren und ihm mit zärtlichen Berührungen zu zeigen, wie sehr man ihn begehrt, ist beim Blümchensex die Hauptsache.
Man liegt zusammen im Bett und kommt nicht gleich zur

Sache. Mit einem langen Vorspiel beginnt das Verwöhnprogramm. Die **Erregungsstufe** steigt dabei langsam an, ganz allmählich fühlt man, wie die Lust aufblüht und Vertrauen entsteht. Wie eine zuerst verschlossene Blüte öffnet sich das Mädchen, wenn der Junge ihre Knospen (ihre Brustwarzen und ihren Kitzler) mit den Fingern massiert oder mit den Lippen berührt. Umgekehrt kann das Mädchen das auch beim Jungen machen. Sie kann seinen Köper liebkosen, auch seinen Penis.
Um den intensiven **Körperkontakt beim Geschlechtsverkehr** nicht zu verlieren, schläft man deshalb gerne in der Missionarsstellung oder in der Löffelchenstellung miteinander. Bei der Missionarsstellung öffnet das Mädchen die Beine und der Junge kann ganz langsam und vorsichtig in sie eindringen. Dabei können sich beide ansehen und haben die Hände frei, um sich zu streicheln. Das Mädchen kann sich dabei fallen lassen, loslassen, sich voll auf ihre **Lust konzentrieren** und seine Lust intensiv spüren. Bei der Löffelchenstellung liegen beide ganz eng aneinander, sie liegt auf der Seite und er kuschelt

sich ganz fast an ihren Rücken. Das sieht dann so ähnlich aus, als wären sie wie **zwei Löffel** in einem Besteckkasten. Dabei kann er ihren Nacken küssen, den Duft ihrer Haut riechen, ihre Haare streicheln, ihren Busen, ihren Bauch, ihren Po, ihre Schenkel und ihre intimste Zone zwischen den Schenkeln berühren, die man auch Lotusblüte nennt.

CHECK ES:

☛ **Blümchensex** bedeutet null Stress, Leistungsdruck oder Anstrengung. Deshalb mögen ihn auch besonders Mädchen, die noch nicht so viel sexuelle Erfahrung haben und erst mal fühlen wollen, wie das so ist mit dem Freund im Bett. Also auch voll angesagt beim ersten Mal oder wenn sich Pärchen erst mal langsam kennenlernen wollen.

☛ **Beim Kuschelsex** kommt die eigene Fantasie und auch das Träumen nicht zu kurz. Da fühlt man sich dann gleich im Bett wie auf einer Spielwiese und kann nach Herzenslust verspielt sein.

☛ **Und wenn´s schon** Blümchensex heißt und voll romantisch sein soll, warum dann nicht die Blütennummer bringen und auf dem Bettlaken Rosenblätter verteilen oder eine Duftkerze mit Rosenduft anzünden. Das öffnet Herz und Sinne.

☛ **Auch wenn Jungs** vielleicht behaupten, dass Blümchensex nicht ihr Ding ist, weil es angeblich zu langweilig oder ohne Aktion ist ... Keine Sorge, sie stehen auch darauf, denn welcher Typ beschäftigt sich nicht gerne intensiv mit seiner Freundin und will nicht auch mal selbst total verwöhnt werden. Das heißt ja nicht, dass die Nummer mit der Leidenschaft flach fällt. Abwechslung ist doch voll okay.

☛ **Auch wenn Blümchensex** für viele Petting (also ohne richtigen Geschlechtsverkehr) bedeutet, ist es nicht so, dass miteinander schlafen nicht sein darf. Deshalb die Verhütung nicht vergessen!

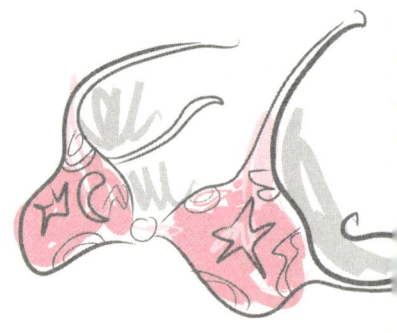

WENN SEIN MUND DICH GANZ INTIM BERÜHRT
Cunnilingus

VOM SCHLECKEN UND SCHMECKEN

Das Wort *Cunnilingus* kommt aus dem Lateinischen. Es ist zusammengesetzt aus cunnus, das ist das **weibliche Geschlechtsorgan,** und lingere, das heißt (sch)lecken. Es hat was mit Sex zu tun, nämlich mit Oral- oder Mundverkehr. Bei Cunnilingus liebkost der Junge die intimsten Stellen des Mädchens. Mit seiner **Zunge und den Lippen** küsst, streichelt und leckt er die Scheide, vor allem die Schamlippen und den Kitzler (auch Klitoris genannt).

ZUNGENSPIELE UND GÄNSEHAUT

Dort, wo Mädchen auf Berührungen am empfindsamsten reagieren, sind die Schamlippen und der Kitzler. Denn diese **intime Zone** ist wie ein Netz mit vielen höchst **sensiblen Nervenbahnen** durchzogen. Die meisten Mädchen spüren das zuerst, wenn sie sich selbst dort streicheln. Diese wunderbaren Lustgefühle, die durch Streicheln mit den Fingern ausgelöst werden, können auch passieren, wenn der Junge sie dort unten berührt. Bei Cunnilingus tut er das mit seinen Lippen und seiner Zunge. Was er da mit dem Mund tut, nennt man deshalb auch intime Küsse. Entweder kreist er mit der **Zungenspitze** um den Kitzler oder massiert mit der Zunge die Schamlippen, und schleckt und leckt an der Scheide. Für viele Mädchen hört sich das irgendwie **unangenehm und dirty** an. Sein Kopf zwischen ihren Schenkeln mit seiner Nase direkt dort, wo sie sich selbst noch nicht so richtig auskennt, wo sie sich oft noch nicht so schön findet und wo sie auch noch einen besonderen Duft hat, von dem sie nicht weiß, ob der Junge ihn überhaupt als **angenehm empfindet,** das finden Mädchen zuerst nicht so toll. Erst später, wenn sie den Jungen länger kennen, sich attraktiv und begehrenswert finden, ist Oralverkehr angesagt.

Cunnilingus ist ein Verwöhnprogramm für das Mädchen.

Je lockerer und entspannter es drauf ist, desto mehr Lustwellen durchfluten ihren Körper. Am besten ist, wenn der **Junge seine Freundin** erst mal mit den Fingern streichelt, damit sie ein Gefühl bekommt, wie ihr Körper auf seine intimen Streicheleinheiten reagiert. Schließlich ist jedes Mädchen im Intimbereich von Natur aus anders gebaut. Genauso individuell sind ihre **sexuellen Empfindungen.** Was ihr am besten gefällt, wie und wo sie es am liebsten hat, das weiß auch der Junge nicht automatisch. Das muss er erst mal herausfinden. Dazu braucht er aber das Feedback des Mädchens. Deshalb Mund aufmachen und sagen, was Spaß macht und was nicht!

CHECK ES:

☛ **Als Mädchen weißt du** ganz genau, was du fühlst, was du dir wünschst und nach was du dich beim Liebesspiel sehnst. Kommt für dich Oralverkehr (noch) nicht infrage, ist das echt überhaupt nicht schlimm. Denk nicht, dass es ein Liebesbeweis ist, wenn du deinem Freund alles erlaubst und dich dann doch innerlich sperrst. Der Junge, mit dem du zusammen bist,

will dich doch glücklich machen. Willst du beim Sex also lieber was anderes, gib ihm bitte Bescheid. Jungs sind voll in der Lage, sich körperlich und seelisch auf das Mädchen, in das sie verliebt sind, einzulassen.

☛ **Dein Scheidengeruch** ist etwas ganz Natürliches. Als junges Mädchen vor der Pubertät hast du anders gerochen – das stimmt! Das ändert sich, wenn du dich zur jungen Frau entwickelst. In der Pubertät produziert dein Körper nämlich Sexhormone. Sie sorgen dafür, dass du einen weiblichen Duft bekommst. Bist du unsicher, ob du auch wirklich toll riechst, kannst du mit ein bisschen Rosenöl (aus der Apotheke) deinen äußeren Intimbereich beduften. Auch Babylotion verbreitet einen angenehmen Duft nach Puder und Vanille.

☛ **Bist du während** des Mundverkehrs erregt (was ja eigentlich so sein sollte) wird automatisch deine Scheide feucht. Das ist aber für den Jungen nicht unangenehm, sondern ein Zeichen dafür, dass es dir Spaß macht.

☛ **Die meisten Mädchen** wollen keinen Mundverkehr, wenn sie ihre Tage haben. Kein Problem, das ist eine ganz normale Reaktion. Erklär´s deinem Freund! Was soll er schon dagegen haben?

☛ **Der Kitzler ist,** wie gesagt, extrem sensibel. Er kann beim Oralverkehr auch überreizt werden. Das ist dann eher unangenehm. Weil der Junge nicht ahnen kann, wann er mit seinen Liebkosungen Schluss machen soll, gib ihm den entscheidenden Hinweis.

☛ **Vor dem Oralverkehr** ist es wichtig, dass du das Gefühl hast, dass deine Scheide sauber ist. Deshalb ist Duschen, Baden oder das Reinigen mit einem Reinigungstüchlein unbedingt angesagt. Das gilt natürlich auch für IHN!

> **TIPP** *Extratipp: Gemeinsames Duschen kann sehr sexy sein und beim Zungenkuss unter dem Wasserstrahl könnten zwei Verliebte auch auf die Idee kommen, intime Küsse auszuprobieren.*

☛ **Für lesbische Pärchen** ist Cunnilingus eine besonders intensive Art, sich gegenseitig sexuell zu erregen. Liebe auf Französisch (so nennt man Oralverkehr auch) kann aber auch ein Vorspiel für alle Pärchen sein, um sich vor dem Geschlechtsverkehr anzutörnen.

☛ **Beim Oralverkehr** kann jedes Mädchen zum Orgasmus kommen. Vorausgesetzt, sie ist bereit dazu, hat Spaß daran und kann sich auf den Jungen voll einlassen.

GEFUMMEL IN DER DUNKELKAMMER:
Was in Darkrooms so abgeht!

WO GEHT´S DA ZUM DARKROOM?

Darkroom kommt aus dem Englischen und heißt übersetzt Dunkelkammer. Jetzt denkst du vielleicht, das Wort **Dunkelkammer** kenn ich doch. Dort entwickeln Fotografen ihre Filme. Stimmt, aber es kann auch noch was anderes bedeuten, und zwar vor allem in der **homosexuellen Szene.** Vor ungefähr 30 Jahren gab´s in den USA zum ersten Mal diese Darkrooms. Anfangs waren das **schwarz angestrichene Kellerräume** mit düsterer Beleuchtung. Dort trafen sich schwule Männer, um anonymen Sex zu haben. Mittlerweile gibt es in homosexuellen Discos und Bars **abgeschlossene Hinterzimmer,** die als Darkrooms bezeichnet werden. Ein Treff für schnellen sexuellen Kontakt.

WIE GEHT´S DA ZUR SACHE?

Also so mit Liebe und Gefühlen hat das eigentlich wenig zu tun. Es geht um **Sex und Lustbefriedigung.** In einem Darkroom treffen sich vor allem schwule Männer, um sich sozusagen blind zu befummeln. Oft kennen sich die Leute gar nicht, finden´s aber wohl spannend und aufregend, sich anzufassen, sich zu riechen, zu schmecken oder sich **mit Worten anzutörnen,** ohne sich zu sehen oder zu wissen, mit wem man(n) eigentlich rummacht. Wie weit der sexuelle Kontakt geht, ist den einzelnen Personen selbst überlassen. Ob Geschlechtsverkehr,

Mundverkehr, Küssen, Streicheln – fast alles ist erlaubt. Oft geht es nur um eine schnelle Nummer. Und wenn sich das für dich nach Gruppensex anhört – da liegst du gar nicht so falsch. Übrigens gibt es auch in »Swingerclubs« solche Darkrooms, in denen sich **auch Nicht-Homosexuelle treffen,** um miteinander Spaß zu haben. Damit du Bescheid weißt: Swingerclubs sind Sexclubs. Dort gehen Singles oder Pärchen hin, um mit anderen ihre sexuellen Fantasien und Wünsche auszuleben. Bei allen intimen Aktivitäten ist es wichtig, sich vor **ansteckenden Krankheiten** zu schützen. Kondome sind also ein Muss!

CHECK ES:

☛ **In Deutschland** sind Darkrooms mit einer bestimmten Genehmigung vom Gesetz her erlaubt. Der Zutritt ist allerdings nur für Erwachsene, also über 18 Jahre gestattet.

☛ **Spontanen Sex** unter schwulen Männern nennt man auch *Cruising.* Es gibt auch sogenannte Cruising-Areas. Das können bestimmte öffentliche Orte, wie zum Beispiel Parkanlagen, Parkplätze,

Badeseen und auch Toiletten sein. Dort ist Sex offiziell **nicht** erlaubt!

☛ **Was außer den Infos** über Darkrooms für dich vielleicht noch interessant sein könnte: Viele Mädchen finden es anfangs gut, bei Kerzenlicht mit dem Freund ins Bett zu gehen. Das ist nicht nur besonders romantisch, sondern nimmt auch etwas die Hemmungen und Schüchternheit. Irgendwie verhilft Dunkelheit, sich besser fallen zu lassen und mit allen Sinnen zu genießen. Wenn du deine Augen schließt, spürst du intensiver seine Berührungen, seinen Atem, seinen Duft und ihm geht es umgekehrt genauso.

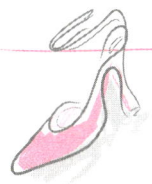

GESTYLT IN LACK UND LEDER
– *was Dominas so treiben*

MACHTSPIELCHEN GANZ ANDERS

Domina heißt übersetzt Herrscherin. Was beim Sex bedeutet, dass sich der Mann einer Frau unterwirft. Du kennst vielleicht den Ausdruck »dominant sein«. Wenn du dich so verhältst, bist du sehr bestimmend und lässt womöglich **die Meinung der anderen** nicht gelten. Überträgst du das jetzt auf Sexspiele, dann kannst du dir vielleicht noch besser vorstellen, wie so eine Domina drauf ist. Der Mann wird von ihr absolut dominiert, sie bestimmt, was er zu tun und zu lassen hat. Ihre Befehle und Anweisungen muss er erfüllen und er darf nicht widersprechen. Sie sagt, was beim Sex angesagt ist. Eine Domina arbeitet oft als Prostituierte in einem Sex-Studio, das so aussieht wie eine Folterkammer. Sie ist in **Lack und Leder gekleidet,** macht Fesselspiele und ihr (Lust) werkzeug ist vor allem die Peitsche.

AUTSCH – DAS TUT DOCH WEH!

Damit du Bescheid weißt, wenn andere Leute darüber reden: Es gibt Männer, die auf eine **ganz besondere Art** von Sex stehen. Sie erleben Lust, wenn eine Frau sie unterdrückt, schlägt, fesselt oder ihnen andere körperliche Qualen zufügt. Bei dieser Art von Sex gibt es keine Zärtlichkeit, Romantik, Kuscheln oder Küssen. Auch nicht den **normalen Geschlechtsverkehr,** also dass sich Mann und Frau vereinigen. Es geht darum, dass der Mann sich demütigen und unterdrücken lässt. Eine Domina ist dabei auch nicht nackt, sondern verkleidet sich. Ihr Kostüm besteht aus schwarzem Leder oder Lack und Accessoires wie Ketten und Masken, sie arbeitet mit **Folterwerkzeugen** wie Peitsche und Fesseln. Ihr Gesichtsausdruck ist ernst und Furcht einflößend. Sie kommt total streng und kompromisslos rüber. Sie befiehlt, er kuscht und unterwirft sich ihren Anweisungen und Befehlen. Wenn sie ihn auspeitscht, fesselt oder körperlich quält, dann macht **ihm das Spaß** und erzeugt bei ihm eine Art sexueller Befriedigung.

CHECK ES:

☞ **Aufgepasst:** Nicht, dass du dir jetzt Gedanken darüber machst, ob dein Freund vielleicht auch solche Fantasien hat. STOPP! Du sollst nur Bescheid wissen, was damit gemeint ist, wenn andere über Dominas, Fesselspiele, Sadomaso

reden. Vielleicht kennst du den Film »Batman«. Catwoman, die oft die böse Gegenspielerin von Batman spielt, hat auch so ein Lackkostüm an und ihr Gesicht ist mit einer Maske verhüllt. So ungefähr kannst du dir eine Domina vorstellen, die in einem Sex-Studio arbeitet. Auch in Musikvideos schlüpfen Sängerinnen in die Rolle von Dominas. Das ist aber alles nur Show.

☞ **Zwischen einer Domina** und ihrem Sexpartner findet ein sogenannter Sadomaso-Sex statt. Sie ist oder spielt die Sadistin. So bezeichnet man Menschen, die Lust dabei verspüren, wenn sie anderen Schmerzen und Demütigungen zufügen. Er dagegen ist masochistisch veranlagt. Das sind Leute, die darauf stehen, beim Sex körperlich zu leiden, sie bezeichnet man als masochistisch veranlagt. Diese Art von Sex gibt es nicht nur zwischen einer käuflichen Domina und ihrem Kunden, sondern auch vereinzelt unter erwachsenen Pärchen. Fragst du dich, woher der Begriff Sadismus kommt? Zu deiner Info: Er stammt von einem gewissen Herrn Maquis de Sade, der in seinen Romanen Gewaltfantasien beschrieb. Masochismus kommt von einem Schriftsteller mit dem Namen Leopold von Sacher-Masoch.

☛ **Voll verständlich,** wenn du dir nicht vorstellen kannst, dass es so was überhaupt gibt. Denn für junge Pärchen geht es in erster Linie um Liebe, um zärtliche Gefühle, es geht um gegenseitiges Vertrauen und nicht darum, dem Menschen, in den man verliebt ist, wehzutun.

☛ **Noch was:** Jungs wünschen sich gelegentlich auch mal, dass das Mädchen aktiver beim Liebesspiel ist und er sich von ihr verwöhnen lässt. Deswegen ist sie aber keine Domina. Das hat damit überhaupt nichts zu tun. Im Bett kann ein Mädchen gerne mal die Initiative ergreifen und ihre Vorstellungen beim Liebesspiel einbringen. Erlaubt ist immer das, was beiden Spaß macht. Wenn du allerdings etwas nicht willst, dann sag das deinem Freund offen und ehrlich!

DAS ERSTE MAL,
das man nie vergisst!

PENIS, PANIK, PANNEN?

Beim ersten Mal wird ein Mädchen normalerweise entjungfert. Das Jungfernhäutchen reißt. Der Fachausdruck dafür ist *Defloration*, das Wort bedeutet übersetzt so viel wie »der Blüte berauben«. Das hört sich so an, als ob der Junge dir was stiehlt, naja, ganz so ist es dann auch wieder nicht. Und wer sagt denn, dass die Mädchen danach nicht erst richtig aufblühen?

VON JUNGS UND JUNGFRAUEN

Noch nie zuvor hast du mit einem Jungen geschlafen, doch dann ist es so weit. Du willst es tun, du gehst mit ihm ins Bett und erlebst etwas ganz Neues. Sein Penis dringt in deine Scheide ein. Ist das **Jungfernhäutchen** noch vorhanden, wird es dabei oft eingerissen. Viele Mädchen machen sich Sorgen und viele Gedanken darüber, ob sie bluten oder ob es wehtun wird und ob sie auch alles richtig machen ... Verständlich, vor etwas, das man zum **allerersten Mal** macht, ist man eben unsicher, auch wenn man total verliebt bist. Gegen diesen Bammel hilft am besten Vertrauen. Wenn du deinem Freund also noch nicht so richtig vertraust, dann warte einfach noch ab. Hör dabei auf deine innere Stimme. Meistens verrät sie dir so ziemlich genau, ob ER der Richtige ist und ob der Zeitpunkt perfekt ist. Dann verspürst du nämlich so was wie eine innere **Sicherheit und Sehnsucht** nach Sex mit ihm. Aufgeregt ist man natürlich trotzdem – ganz logisch. Da passiert ja was, was man noch nie zuvor erlebt hat. Deshalb ist es fast ein Ding der Unmöglichkeit, beim ersten Mal den Kopf auszuschalten und voll relaxt zu sein. So cool ist doch keine! Schließlich ist da diese Mischung aus **Liebesfieber, Spannung, Aufregung und Zittern**. Wie das ist, wenn zum ersten Mal der Penis in die Scheide eindringt, erlebt jedes Mädchen anders. Das kann sich anfühlen wie ein irres Druckgefühl, wie ein Brennen, wie ein Stich, als würde was reißen oder auch: »Wow, das fühlt sich gut an!«

Tut´s weh, *kann´s sein, dass das Mädchen einfach noch nicht wirklich bereit ist, dass es zu jung ist. Oder, dass sie nicht richtig erregt und ihre Scheide deshalb nicht feucht ist. In Ausnahmefällen passiert es auch, dass das Jungfernhäutchen so zäh und fest ist, dass der Junge es nicht durchstoßen kann und er deshalb zu heftig in die Scheide eindringt. Auf jeden Fall ist das erste Mal für jedes Mädchen ein Erlebnis, das sie so schnell nicht vergisst, und auch der erste Lover bleibt ihr meistens noch lange in Erinnerung.*

CHECK ES:

☛ **Nicht enttäuscht sein,** wenn das erste Mal nicht das Riesenhighlight ist. Auch beim Sex wirst du (und auch der Junge) mit der Zeit immer lockerer, mutiger und lässiger. Mit ein bisschen Übung kommen dann immer mehr die schönen Gefühle. Und noch was: Dass du gleich einen Orgasmus erlebst – schraub deine Erwartungen nicht zu hoch! Den sexuellen Höhepunkt kann man nicht programmieren. Also keinen Stress! Lass dich überraschen.

☛ **Absolut falsch und gefährlich ist die Annahme,** dass man beim ersten Mal nicht schwanger werden kann. Du kannst bei jedem Geschlechtsverkehr schwanger werden. Also aufgepasst! Nie ohne Verhütung mit einem Jungen schlafen!

☞ **Hast du noch nie mit einem Jungen geschlafen,** sag ihm das. Es ist wichtig, dass er Bescheid weiß. Dann ist er bei der Entjungferung vorsichtiger und zärtlicher. Schließlich will er dir ja nicht wehtun. Und du hast jederzeit das Recht, Nein zu sagen, auch in letzter Sekunde, wenn ihr sozusagen schon nackt im Bett liegt.

☞ **Falsch ist,** dass alle Mädchen automatisch dabei total bluten. Bei 70 Prozent der Mädchen sind´s nur ein paar kleine Blutströpfchen oder man höre und staune: Sie bluten gar nicht. Fakt ist auch, dass die ganz großen Erwartungen, die man an das erste Mal knüpft, nicht ganz erfüllt werden. Manchmal dauert´s nur Sekunden, dann hat der Junge seinen Samenerguss. Woran das liegt? Auch Jungs sind vor dem ersten Mal mega-aufgeregt und nervös. Und das nicht nur beim allerersten Mal, bei einer neuen Freundin tun sie oft nur so cool, sind´s aber gar nicht. Bei der

Premiere im Bett ist bei den meisten Pärchen (ca. 70 Prozent) die Missionarsstellung angesagt. Das heißt: Das Mädchen liegt auf dem Rücken, öffnet die Beine und der Junge dringt von vorne in sie ein. Und keine Panik, dass der Penis des Jungen zu groß sein könnte. Deine Scheide ist megadehnbar. Überleg doch mal, da kommt doch bei der Geburt sogar ein Baby durch.

☞ **Viele Mädchen denken,** dass sie sich selbst bei der Selbstbefriedigung oder der Freund sie beim Petting mit den Fingern entjungfern kann. Was passieren kann, ist, dass dabei das Jungfernhäutchen reißt. Doch im eigentlichen Sinne ist sie erst dann keine Jungfrau mehr, wenn sie mit einem Jungen geschlafen hat – also richtigen Geschlechtsverkehr hatte.

❗ Vom Gesetz her ist in Deutschland Geschlechtsverkehr erst ab 14 Jahren erlaubt. Aber auch wenn du dich mit 16, 17 noch zu jung fühlst – kein Problem. Sag das deinem Freund. Und hab keine Angst, dass er sich dann gleich ein anderes Mädchen sucht. Ein verliebter Junge tut vieles – er wartet auch darauf, bis du ihm im Bett dein Okay gibst. .

»ER« KOMMT VOLL AUF TOUREN
Erektion & Ejakulation

WIE »STEHT« ER DAZU?

Das Wort Erektion kommt aus dem Lateinischen: *erectio* heißt übersetzt »Aufrichten«. Damit ist eigentlich schon ziemlich klar, was gemeint ist. Der Penis richtet sich auf, versteift sich, wird hart, der Typ hat einen »Ständer«. Auch das Wort *Ejakulation* kommt aus dem Lateinischen: *ejaculatio* heißt übersetzt »Herausschleuderung«. Gemeint ist damit der Samenerguss, wenn beim Orgasmus (sexueller Höhepunkt) der Samen aus dem Penis spritzt.

WIE KOMMT ER SO RICHTIG IN FAHRT?

Kaum zu glauben, aber wahr: Sexualität spielt sich beim Jungen wie auch beim Mädchen zuerst im Kopf ab. Mit den Sinnesorganen (Augen, Nase, Ohren, Mund, Finger) nimmt er bestimmte Bilder, Gerüche, Geräusche, Geschmäcker und Formen wahr. In seinem Gehirn **wird das aufgenommen** und verarbeitet. Was ihn erregt, löst sich nicht einfach so in Luft auf.

Sein Körper reagiert, denn zwischen Kopf und Geschlechtsorganen gibt es so was wie eine innere Verbindung. Das Gehirn ist also die Funkzentrale, seine Geschlechtsorgane der Empfänger. Ungefähr so, als wenn **man(n) eine Handynummer wählt** und es dann klingelt. Der Körper des Jungen ist da voll sensibel. Erotische Eindrücke, Gefühle, Gedanken und Fantasien führen dazu, dass sich bei ihm unten herum was tut. Die Schwellkörper in seinem Penis werden verstärkt mit Blut gefüllt. Das sorgt dafür, dass sich das Glied aufrichtet, steif und hart wird. Meistens hat er dann auch **Lust auf Sex.** In diesem Zustand kann er mit einem Mädchen schlafen oder sich selbst befriedigen.

Beim Geschlechtsverkehr (auch beim Petting oder Mundverkehr) und **beim Onanieren** steigt die sexuelle Erregung steil an, die Hoden werden ungefähr 50 Prozent größer und ziehen sich mehr zum Körper hin. Irgendwann kommt der Junge an einen Punkt, wo er dann ein besonders tolles, extrem geiles Gefühl erlebt … den Orgasmus. In diesem Augenblick hat er einen Samenerguss (Ejakulation). Er dauert ein paar Sekunden. In **3 bis 10 Strahlen** wird die Samenflüssigkeit ausgestoßen. Manchmal tröpfelt´s nur, manchmal spritzt der Samen richtig heraus. Den ersten Samenerguss haben Jungs in der Pubertät.

Hormone sind so was wie eine **kleine Sexfabrik,** sie produzieren den Samen. Nach dem Samenerguss wird der Penis wieder schlapp und schrumpft auf Normalgröße zusammen.

CHECK ES:

☛ **Huch, was ist das denn?** Der Junge kriegt einen Steifen, ohne dass er überhaupt an Sex denkt. Das kann passieren. Der Penis führt gelegentlich auch sein Eigenleben. Aber welcher Junge will schon einen Ständer, wenn´s gar nicht angesagt ist? Da hilft dann oft nur eins: Nämlich sich voll ablenken und an das Unerotischste denken, was es überhaupt gibt, z. B. wie löse ich eine besonders knifflige Matheaufgabe. Zu Hause sorgt auch eine kalte Dusche, dass der

»kleine Freund« auf Normalmaß zurückgeht. Und bei weiten Jeans fällt´s zum Glück andern meistens gar nicht auf, was sich da regt.

☛ **Pro Nacht haben viele Jungs drei bis sechs Erektionen,** die 10 bis 40 Minuten dauern können. Doch die verpennt er meistens und bekommt gar nichts davon mit. Du kannst dir das so vorstellen: Der Penis ist wie eine Batterie, die in der Nacht mehrmals aufgeladen wird. Das Blut, das dabei in den Penis fließt und IHN aufrichtet, sorgt (nur) dafür, dass der Penis allen Sauerstoff bekommt, den er braucht. Und am Morgen dann die Überraschung! Jungs wachen auf und haben das, was man auch Morgenlatte nennt. Dafür verantwortlich ist nicht unbedingt ein aufregender Sextraum. Das passiert auch, wenn der Typ vom Fußball träumt. Am Morgen sind nämlich die Sexhormone besonders aktiv, dazu steht ER.

☛ **Die Menge eines Samenergusses** beträgt ungefähr zwei bis drei Teelöffel. Geben die Spermien richtig Gas, kann´s rekordverdächtig weit spritzen – bis zu 30 cm. Und noch was: Mit einem steifen Glied kann der Junge normalerweise nicht pinkeln. Warum das so ist? Da ist der Körper einfach genial. Eine Erektion schließt den Durchgang zur Blase.

☞ **Wird der Penis ihres Freundes mal nicht steif,** denken viele Mädchen, dass er sie nicht attraktiv findet. Gar nicht wahr! Jungs sind keine Sexmaschinen. Sie können manchmal nicht, weil sie Stress haben und mit ihren Gedanken ganz woanders sind als im Bett. Oder sie haben Panik zu versagen, dass es dann auch tatsächlich passiert. Sexuelle Lust funktioniert eben auch bei Jungs nicht auf Knopfdruck. Alles ganz normal, das kann schon mal passieren. Nur kein Leistungsdruck! Genauso kann es sein, dass er zu schnell kommt. Nun, dann ist er eben so heftig erregt, dass ER aus der Kontrolle gerät. Aufregung und Nervosität sorgen dafür, dass sein Sexprogramm dann etwas schneller abläuft als geplant. Mit etwas Übung werden Schnellschüsse immer weniger.

☞ **Schon bevor der Junge den eigentlichen Samenerguss hat,** kommen aus der Eichel oft ein paar Tropfen raus. Das sind die sogenannten Lusttropfen. Sie befeuchten die Eichel. So kann der Junge besser in die Scheide eindringen. In dieser Flüssigkeit sind auch schon Samenfäden enthalten. **Also Vorsicht:** Genau aus diesem Grund ist die Aufpasser-Methode als Verhütung total ungeeignet!

HOTSPOTS, FINGERSPITZENGEFÜHL& GÄNSEHAUT
Deine erogenen Zonen

ES DARF GESTREICHELT WERDEN!
Sensationell – auf dem Körper befinden sich bis zu **80.000 Nervenenden.** An manchen Stellen liegen sie ganz dicht zusammen. Findet dort eine zärtliche Berührung statt – dann kann das ganz schön unter die Haut gehen. Denn diese **mikroskopisch kleinen Sensoren** sind voll sensibel und reagieren sofort.

Mach den Test! Fahr mit deinen Fingerkuppen wie bei einer **riesigen Landkarte** über deinen ganzen Körper – von Kopf bis Fuß. Da, wo´s besonders kribbelt, befinden sich Lustpunkte, auch erogene Zonen genannt.

DIE HITLISTE DEINER HOTSPOTS

LIPPEN: Sie sind besonders intensiv durchblutet. Die dünne Haut der Lippen ist voll sensibel. Dieses **prickelnde Gefühl** merkst du beim Küssen total. Und je verliebter du bist, desto heftiger funkt es dabei.

HALS: Nicht umsonst befinden sich Knutschflecken meistens am Hals. Das **irre Gefühl**, am Hals geküsst zu werden, will man schließlich so lang wie möglich auskosten. Und beim Halskraulen – da kann es leicht passieren, dass du zu schnurren anfängst und dir die Nackenhaare hoch stehen.

OHREN: Von wegen Ohren sind nur als Aufhänger für Ohrringe geeignet. Die Lauscher sind **voll auf Empfang,** wenn´s um Liebesgeflüster geht. Und beim Knabbern am Ohrläppchen ... das kitzelt nicht nur, sondern du hörst es richtig knistern.

BUSEN: Wow, das fühlt sich rundum gut an. Bei Streicheleinheiten am Busen kommst du schnell auf Touren. Und die Reaktion der Brustwarzen, wenn sie **berührt, geküsst oder massiert** werden, ist wohl ziemlich eindeutig – sie werden hart und stellen sich auf.

BAUCH: Dort befindet sich bekanntlich das Zentrum der Gefühle. Also kein Wunder, dass die **Schmetterlinge tanzen.** Da genügt es schon, wenn du nur an deinen Traumtyp denkst.

SCHEIDE: Die intimste Zone des weiblichen Körpers ist voll auf Berührungen eingestellt. Ob du dich selbst dort streichelst oder gestreichelt wirst, dieses Gefühl ist oft nicht zu toppen. Der Kitzler (er befindet sich am oberen Teil der äußeren Scheide, seine Form erinnert ein bisschen an eine Erbse) ist der **heißeste Lustpunkt** überhaupt. Mit viel Fingerspitzengefühl können von da aus Lustwellen entstehen, die einen Orgasmus auslösen.

SCHENKEL: Vor allem die zarte Haut der Innenseiten der Schenkel **steht total** auf zärtliches Verwöhnprogramm. Und wenn du deine Schenkel öffnest, öffnest du dich auch für Lustgefühle. Mehr auf S.94!

> **Rücken:** Eine Rückenmassage (am besten mit einem duftenden Öl) von **deinem Liebsten** ist wie Balsam für Körper und Seele. Du bist Wachs in seinen Händen ...

> **Po:** Jungs finden ihn sexy und erotisch und auch Mädchen kommen bei einem **knackigen Männerpo** ins Schwärmen. Also nicht kneifen, sondern ...

DER ASTRO-CHECK:
Was sagen die Sterne über seine Lustzonen?

Widder: Wenn´s seine Favoritin nicht macht, massiert er eben selbst seine **Ohrläppchen.** Und beim Kraulen am **Kopf** schwebt er auf Wolke sieben.

Stier: Er ist kein Rollkragenträger, denn sein **Hals** soll frei bleiben für Liebesbisse. Und **Knutschflecken** sind für ihn Liebesbeweise.

Zwillinge: Er hat ein tolles **Händchen.** Und mit seinen Fingern fummelt er so lange in deinem Gesicht herum, bis du sie in den Mund nimmst und daran lutschst.

Krebs: Heiße Lippen auf seinem **Mund,** am liebsten stundenlang – darauf steht er. Und beim Sex wollen seine **Brustwarzen** das volle Verwöhnprogramm.

Löwe: Dieses Sternzeichen legt sich bevorzugt auf den **Bauch.** Das heißt: Massieren am **Rücken** ist bei ihm voll angesagt.

Jungfrau: Sein **Bauch** ist für ihn das Zentrum der Lust. Wenn beim **Duschen** warmes Wasser auf seinen Körper prasselt, kribbelt's.

Waage: Bei diesem Sternzeichen ist der **Po** besonders empfänglich für Berührungen und Liebkosungen. Am besten klappt´s mit einem **Klaps.**

Skorpion: Er will schnell zur Sache kommen und macht kein **Geheimnis** daraus, dass seine intimste Stelle am meisten Beachtung bedarf.

Schütze: Auf seine **Lenden** ist er wahnsinnig stolz. Deshalb präsentiert er sie auch gerne nackt. **Gänsehaut** kriegt er auch beim Streicheln der Schenkel.

Steinbock: Wo findest du mich am schönsten? Auf diese Frage solltest du wie in der Werbung für Deoroller antworten: »An den Achseln!«

Wassermann: Wie du ihn heiß und nervös machst? Wenn du überraschend unterm Tisch seine **Waden** mit deinen Füßen in Kontakt kommen.

Fische: Wer sich um seine **Füße** kümmert, kann von ihm fast alles verlangen. Bei einer **Fußmassage** kommt er auf sündige Gedanken.

CHECK ES:

☛ **Die absolute Falschmeldung:** Jungs haben nur die eine erogene Zone, nämlich dort, wo sich der Penis befindet. Sie stehen genauso wie Mädchen auf überall Anfassen. Streichelst du zum Beispiel seine Brust, werden auch bei ihm die Brustwarzen hart und stellen sich auf. Und kümmerst du dich um seinen Bauch, starten auch bei ihm dort die Flugzeuge.

☛ **Nicht in Stimmung,** mit den Gedanken ganz woanders, voll im Stress ... Dann bist du oft auch lustlos. Dann reagieren deine Lustpunkte wie eingefroren. Das passiert schon mal. Aber keine

Sorge, das Eis schmilzt auch wieder und du kriegst Gänsehaut, wenn er dich zärtlich berührt.

☛ **Zu heftige Berührungen oder bei Endlosfummelei** können die sensiblen Zonen überreizt werden. Dann kann´s passieren, dass Lust in Frust umschlägt. Ist die Reizgrenze oder das Zeitlimit überschritten, lieber eine Pause einlegen. Und dann neu starten.

☛ **Jedes Mädchen und jeder Junge ist anders.** Deshalb hat auch jeder ganz spezielle Stellen, wo´s ihm besonders Spaß macht. Geh auf Entdeckungsreise und finde deine heraus. Wenn du dich selbst überall berührst, kommst du deinen erogenen Zonen schon auf die Spur. Später kannst du deinem Freund verraten, was dich auf Touren bringt.

☛ **Petting ist genau das Richtige,** um die geheimen Lustpunkte des anderen herauszufinden. Da muss man dann gar nicht aufs Ganze gehen. So eine Streichelnummer kann ziemlich heiß machen, auch ohne dass man(n) gleich aufs Ganze geht. Ihr könnt euch streicheln, küssen und necken, am anderen knabbern, lutschen und euch aneinander reiben.

ES DARF ANGEMACHT WERDEN!
Wenn dich das Flirtfieber packt ...

DER MAGISCHE AUGENBLICK!

Wow, da steht er vor dir und du denkst: Nicht schlecht, der Typ, der hat was ... Hoppla, das sind sie, **diese berühmten Sekunden,** die dich spüren lassen, dass ein Junge dich interessiert. Da kannst du noch so gelangweilt tun ... nützt nichts. Da sprühen **ein paar Funken,** da glüht der Draht, da ist ein Flirt am Start!

ABER HALLO, ER IST IM FLIRTFIEBER !

Am besten erkennst du das an seiner Körpersprache. Sie verändert sich nämlich, und zwar ohne, dass der Typ wirklich Einfluss darauf hat.

Augen: Er sucht Blickkontakt und seine **Augenbrauen** kommen in Bewegung. Na, wie wär's mit uns zwei? Siehst du die Fragezeichen in seinen Augen? Er wartet auf deine Antwort!

Schultern: Da will doch einer größer und breiter erscheinen, als er ist. Von wegen Hängeschultern! Er will dir signalisieren, dass du dich an seinen **starken Schultern** jederzeit anlehnen kannst.

Brustkorb: Brust raus, **Bauch rein,** so macht er sich stark für dich!

Mund: Du kennst die Smilie-Nummer und das Zahnpastalächeln – er hat eben Charme und Biss. Das will er dir beweisen.

Stimme: Sie soll männlich sein, je tiefer, desto besser. Wer kriegt schon mit einer **Piepsstimme** ein Mädchen rum? Nur will ein Junge besonders witzig sein ... Na ja, da bleibt dir dann oft die Spucke weg.

Arme: Von wegen Arme verschränkt vor dem Brustkorb ... Kommt gar nicht gut. Er will damit deutlich zeigen, dass sein **Herz** frei ist.

Hände: Aufgepasst, er steckt seine Hände in die Hosentasche, nur seine **Daumen** – wohin zeigen die denn? Etwa in Richtung zwischen seinen Beinen. Das, findet er, kommt cool rüber, damit will er dich heiß machen.

Beine: Da steht er nun – breitbeinig. Auch wenn das vielleicht andeuten soll, dass ihn nichts **umhauen** kann, vermutlich hat er schon weiche Knie.

SAG´S IHM OHNE WORTE!

Augen: Ein sanfter Augenaufschlag in Zeitlupe und kokett den **Blick** nach unten. Da geht was, das denkt jedenfalls er.

Haare: Schüttle dein Haupthaar für ihn oder dreh an einer **Haarsträhne**, als wolltest du ihn damit anlocken.

Mund: Hast du kein Lipgloss zur Hand: Mit der **Zungenspitze** kannst du in Sekundenschnelle deine Lippen befeuchten. Da muss er doch anbeißen, oder?

Stimme: Der Ton macht die Musik. Mädchen versuchen´s auf die sanfte Tour, **zuckersüß**, und wenn dir die Worte fehlen? Auch nicht schlimm!

Busen: Zeig ihm, dass dein Herz ein bisschen für ihn schlägt. Also nicht die Hände vor der **Brust** verschränken. Du gehst doch nicht auf Distanz, sondern ...

Hüften: Ein **sexy Hüftschwung** und die Gedanken der Jungs kreisen – na, um was schon?

Beine: Die Beine übereinanderschlagen und dann ein bisschen **mit dem Fuß wippen**. Das macht ihn nervös und signalisiert, dass du nicht ewig Zeit hast. Er soll also gefälligst mal loslegen.

CHECK ES:

☞ **Hilfe**, alle anderen Mädchen können flirten, nur du nicht? Mach dich mal nicht verrückt, deine Wirkung auf die **Typen** ist trotzdem da. Und wer sagt schon, dass Jungs es nicht besonders anziehend finden, wenn du schüchtern rüberkommst oder sogar rot wirst. Da können sie doch den Beschützer spielen.

☞ **Flirten** heißt nicht gleich, dass man demnächst als Pärchen durch die **Weltgeschichte** geht. Vielleicht ist es nur ein Kick, Fun oder eine Bestätigung für dich, dass du die Herzen der Jungs sehr wohl aufmischen kannst.

☞ Kannst du einen Jungen nicht riechen, wirst du vermutlich schnell auf **Distanz** gehen. Passen deiner Nase seine Duftstoffe (Pheromone) nicht, kriegst du die Krise und weg bist du.

☞ Flirten ist nicht gleich **Fremdgehen**. Es gibt Mädchen und Jungs, die tun das einfach gerne. Doch ihr **Herz** ist da meistens nicht voll dabei.

DER KLEINE UNTERSCHIED:
Was sich unterm Höschen versteckt

GESCHLECHTSORGANE – INNEN UND AUSSEN

Genitalien sind Geschlechtsorgane. Es gibt die äußeren: Beim Mädchen ist das die **Vulva** (also Venushügel, Schamlippen, Scheidenöffnung, Kitzler), beim Jungen sind das der Penis und der Hodensack. Und es gibt innere **Geschlechtsorgane**. Das sind die Gebärmutter, Eileiter und Eierstöcke beim Mädchen, und die **Hoden** (die im Hodensack versteckt sind) und die Samenleiter beim Jungen. Fragst du dich jetzt: »Was ist mit dem Busen?« Nun, das ist ein weibliches Geschlechtsmerkmal, aber kein Geschlechtsorgan.

DER KLEINE UNTERSCHIED!

Welches Geschlecht? Das entscheidet sich im Mutterleib erst ab der achten Schwangerschaftswoche. Dann kommen nämlich die **Hormone** ins Spiel und machen entweder einen Jungen oder ein Mädchen. Das heißt, es entwickeln sich weibliche oder männliche Geschlechtsorgane. Wie ihre äußere Scheide (auch Vulva genannt)

aussieht, davon haben Mädchen nicht so viel Ahnung. Darauf angesprochen, reagieren sie eher schüchtern, verlegen oder werden gleich rot ... Das hat was mit dem Schamgefühl zu tun.

Zu deiner Info: Dort, wo die Schamhärchen wachsen, das ist der Venushügel. Nach dieser kleinen gepolsterten Wölbung beginnt die Schamritze. Gleich am Anfang befindet sich der Kitzler (auch Klitoris genannt). Er sieht so ähnlich aus wie eine kleine fleischfarbene Perle. Berührt, streichelt oder massiert man diese »Liebesperle«, können die tollsten **Lustgefühle** entstehen. Ungefähr in der Mitte der äußeren Scheide befindet sich die Scheidenöffnung. Umgeben ist dein Intimbereich mit den inneren und äußeren Schamlippen. Während die äußeren tatsächlich an die wulstigen Lippen eines Schmollmundes erinnern, sehen die inneren eher wie kleine gekräuselte oder glatte **Blütenblätter** aus. Vielleicht nennt man die Scheide deshalb auch liebevoll Knospe oder Rose. Ist das Mädchen sexuell erregt, sind Schamlippen und Kitzler verstärkt durchblutet und vergrößern sich. Vom Scheideneingang aus führt ein Muskelkanal ins Innere deines Körpers bis hin zur Gebärmutter. Links und rechts davon im Beckenraum befinden sich die Eileiter und Eierstöcke. Beim Geschlechtsverkehr dringt der Penis des Jungen ins Innere der Scheide ein.

Das männliche Glied bzw. das äußere männliche Geschlechtsorgan besteht aus der Penisspitze (auch Eichel genannt), dem Penisschaft, der Peniswurzel und dem Hodensack, in dem die Hoden (auch Eier genannt) verpackt sind. Die Eichel ist besonders empfindsam für Berührungen und **Liebkosungen**. Ist der Junge sexuell erregt, bekommt er einen Ständer. In den Hoden, die im Hodensack verpackt sind, wird Samenflüssigkeit produziert. Beim **Samenerguss** jagt der Samen durch die Samenleiter und spritzt oder tropft dann aus der kleinen Öffnung in der Mitte der Eichel. Die Größe des Penis ist unterschiedlich. Mit ungefähr 18 Jahren ist er im steifen Zustand ungefähr 12 bis 18 cm lang.

CHECK ES:

☛ **So, wie deine Scheide** aussieht, so sieht sie bei keinem anderen Mädchen aus. Neugierig geworden? Dann schau sie dir mal an! Dazu nimmst du einen Spiegel, am besten einen Vergrößerungsspiegel, spreizt deine Beine und hältst den Spiegel so vor deine Scheide, dass du was erkennen kannst. Und bist du auf den ersten Blick enttäuscht ... Mach dir nichts draus, so reagieren anfangs viele Mädchen.

☛ **Bei vielen Mädchen** wachsen die Schamlippen unterschiedlich. Die kleinen oder inneren Schamlippen entwickeln sich manchmal schneller. Wenn sie von den großen Schamlippen noch nicht verdeckt sind, sieht das dann so aus, als würden an der Scheide kleine Hautfetzen hängen. Aber keine Sorge, das ist ganz normal. Sind die äußeren Schamlippen erst mal voll entwickelt, wölben sie sich über die kleinen Schamlippen, die Scheidenöffnung und den Kitzler und schützen so die sehr sensiblen Stellen.

☛ **Willst du deine Schamhärchen** rasieren, ganz oder auf Bikinihöschenformat, ist es wichtig, dass du die Härchen mit der Schere erst mal auf einen halben Zentimeter kürzt und dann mit einer frischen Rasierklinge vorsichtig rangehst.

☞ **Oft glauben Mädchen,** dass aus der Scheidenöffnung nicht nur Ausfluss und die Regelblutung kommen, sondern auch Urin. Das stimmt nicht! Urin kommt aus der Harnröhre. Das ist eine kleine Öffnung, die sich zwischen Kitzler und Scheideneingang befindet. Beim Jungen ist das anders. Samen und Urin kommen bei ihm aus der Harnöffnung. Das ist das kleine

Löchlein, das sich in der Mitte der Eichel befindet.

☞ **Normalerweise wird die Penisspitze** durch die Vorhaut verdeckt. Ist der Junge beschnitten, fehlt diese Vorhaut und die Eichel liegt frei. Ob beschnitten oder nicht, was ein Junge beim Sex empfindet, wie erregbar er ist und wie lange er kann, hat damit nix zu tun.

Info: Piercings an Brustwarzen, Schamlippen und Penis sind unter 18 Jahren nicht erlaubt!

DER G-PUNKT:

Höchste Punktzahl für die Lust, oder was?

WO VERSTECKT SICH DER G(EHEIMNISSVOLLE)?

Punkt? Das Innere der Scheide kannst du dir so ähnlich wie einen Schlauch vorstellen, der vom Scheideneingang bis zur Gebärmutter führt und ungefähr 12 cm lang ist. In diesem **Muskelkanal** befinden sich viele Nervenzellen und Blutbahnen. Ungefähr 5 cm hinter dem Scheideneingang, an der Scheidenwand

in Richtung Bauchdecke, da soll sich der G-Punkt (ungefähr so groß wie eine Ein-Euro-Münze) verstecken. Ein Arzt namens **Gräfenberg** hat ihn entdeckt. Deshalb heißt er G-Punkt oder Gräfenberg-Punkt.

MUSS ICH IHN FINDEN?

Für die meisten Mädchen ist die Scheide etwas sehr, sehr Intimes und auch Geheimnisvolles. Wie das so ist mit den **sexuellen Gefühlen,** da tasten sie sich ganz langsam heran. Bei der Selbstbefriedigung ist zuerst Streicheln im äußeren Scheidenbereich angesagt. Das **Anfassen der Schamlippen** und des Kitzlers, irgendwie kennt man das ja vom Duschen und Baden. Aber da ist noch was anders: Es macht Spaß, sich dort unten zu berühren, da kribbelt´s, da sind diese Lustgefühle. Das **Innenleben der Scheide** ist da noch weniger spannend. Da weiß man noch nicht so recht Bescheid. Außer, dass ab der ersten Regel Blut oder schon vorher Schleim und Ausfluss aus der Scheide (Vagina) fließen. Wie es sich im Innern der Scheide anfühlt, das zu erforschen, ist für viele Mädchen erstmal ein Tabu. Einen **Tampon** da hineinzuschieben oder sich vom Frauenarzt dort im Intimbereich untersuchen zu lassen ... Da sind erst mal ein paar Hemmungen vorhanden, so, als wär am Scheideneingang ein **Stopp-Schild** angebracht: Bis hier und nicht weiter! Doch das ändert sich. Irgendwann wirst du vielleicht doch neugierig, wie es sich bei dir Innen so anfühlt. Einen Tampon einführen, das machst du ja auch, da bist du mit dem Finger schon in

dir drinnen. Trotzdem kann es noch eine Weile dauern, bis du bei der Selbstbefriedigung weiter- gehst oder dein Freund beim **Petting** tiefer in dich eindringen darf. Du siehst also, schnell schnell deinen Körper zu erforschen muss wirklich gar nicht sein. Lass dir alle Zeit der Welt! Wenn´s dich dann wirklich interessiert, kannst du dich langsam ins **Innere deiner Scheide** vortasten. Und mach dir keinen Stress! Hast du null Bock, nach dem G-Punkt zu suchen? Na und! Du kannst die heißesten Lustgefühle auch ohne ihn erleben.

CHECK ES:

☞ **Neugierig auf den eigenen Körper zu sein,** ist was Schönes. Sich selbst zu streicheln oder sich streicheln zu lassen, wenn du das willst, wenn du Sehnsucht und Lust danach verspürst, probiere es aus und lass dich überraschen. Jedes Mädchen ist anders, deshalb macht auch jedes Mädchen ihre ganz eigenen und einzigartigen Erfahrungen. Fragst du dich, wie sich das bei dir drinnen anfühlt? Antwort: Vielleicht ein bisschen so wie an der Innenseite deiner Wange.

☞ **Erzählen dir andere Mädchen**

von ihren sensationellen Gefühlen in Sachen Sex, kommst du vielleicht ins Staunen und dann ins Grübeln. Hast du selbst so was noch nicht erlebt, denk nicht, dass mit dir was nicht stimmt. Nicht alle Geschichten sind hundertpro wahr. Und es gibt es unter Mädchen welche, die frühreif sind, und andere, die erst später sexuelle Gefühle entwickeln. Spaß am Sex kann jedes Mädchen haben. Also keine Panik!

☛ **Gibt es diesen geheimnisvollen Punkt?** Die Antwort ist: Da rätseln und diskutieren die Wissenschaftler noch immer. Deshalb fehlt dir auch nichts, wenn du ihn nicht entdeckst.

☛ Der G-Punkt ist notwendig …

Unsinn!!! Die meisten Mädchen erleben ihren ersten sexuellen Höhepunkt, wenn sie ihren Kitzler streicheln.

> **TIPP** *Wenn du mit den Fingern über den Schamhügel (das ist die kleine Wölbung, wo die Schamhärchen sind) drüberfährst, da wo die Scheide beginnt, dort findest du den Kitzler, auch Klitoris genannt.*

☛ **Berichten nach soll** die Berührung des G-Punktes nicht automatisch der absolute Lustkick sein. Es kann sich auch null spektakulär anfühlen oder so, als müsste man dringend auf die Toilette.

GLEICH UND GLEICH GESELLT SICH GERN
Lesbische Mädchen & schwule Jungs

LESBISCH & SCHWUL
Mädchen, die sich sexuell und liebestechnisch **nur zu Mädchen** hingezogen fühlen, bezeichnet man als homosexuell bzw. lesbisch.

Jungs, die voll auf das eigene Geschlecht abfahren, nennt man auch schwul. **Homosexuell veranlagt** sind ungefähr fünf bis zehn Prozent.

Bin ich das vielleicht auch?

Ich hab mit meiner besten Freundin Zungenkuss geübt, bin ich deshalb lesbisch? Diese Frage stellen sich Mädchen öfter, als du vielleicht denkst. Dabei ist gar nichts dabei, wenn Mädchen **einen besonderen Draht** zur Freundin haben und ihr so sehr vertrauen, dass sie auch einen zärtlichen Kuss oder Berührungen zulassen. Oder Freundinnen, die miteinander Händchen halten und ineinander gekuschelt auf dem Sofa sitzen und sich Videos ansehen ... Das bedeutet nicht automatisch, dass sich diese Mädchen nur noch **fürs gleiche Geschlecht** interessieren. Und sogar wenn du mit einem Mädchen richtig Sex hattest – keine Sorge, das ist nicht schlimm, pervers oder unnatürlich. Du musst deswegen auch kein schlechtes Gewissen haben. Sehr viele Menschen fühlen sich irgendwann **in ihrem Leben** zum eigenen Geschlecht hingezogen. Bei Jugendlichen passiert das in der Pubertät (ungefähr zwischen 14 und 18 Jahren) – alles ganz normal. Die meisten entscheiden sich später doch fürs andere Geschlecht und haben dann den vollen Spaß im Bett.

Hast du herausgefunden, dass du für Jungs nicht mehr als **freundschaftliche Gefühle** haben kannst, dann zwing dich nicht dazu. Das funktioniert nämlich nicht. Körperliche Liebe zwischen zwei Mädchen kann genauso wunderschön, **sensationell und befriedigend** sein wie zwischen einem Mädchen und einem Jungen. Beim gleichgeschlechtlichen Liebesspiel fehlt nur eins, nämlich das, was Jungs zu Jungs macht – **der Penis.** Allgemein kann man sagen, Mädchen und Mädchen machen miteinander Petting – also streicheln, berühren, liebkosen mit den Händen und dem Mund.

Jungs üben zwar nicht mit dem besten Freund, wie Küssen funktioniert, aber auch sie machen gleichgeschlechtliche Erfahrungen. **Selbstbefriedigung** ist für sie kein Tabuthema und was die Länge des Penis betrifft, stellen sie auch gern Vergleiche mit andern Jungs an, so zum Beispiel **beim Duschen** nach dem Sport. Ob sie sich fürs gleiche oder fürs andere Geschlecht entscheiden, geht nicht so schnell, das kann dauern. Ist es dem Jungen allerdings irgendwann mal klar, dass er nur mit einem Jungen glücklich wird, ist er zwar immer noch an Mädchen interessiert, aber nur rein freundschaftlich. Ihn umzupolen, das funktioniert nicht.

CHECK ES:

☞ **Homosexuell** zu sein ist keine Krankheit, deshalb kann und braucht man gleichgeschlechtliche Liebe nicht heilen. Und es ist auch nicht ansteckend. Hast du in deiner Familie jemanden, der schwul oder lesbisch ist, heißt das nicht, dass du auch so empfinden wirst.

☞ **Hast du eine Freundin**, die dir sagt, dass sie auf Mädchen steht ... Keine Panik, sie wird dich nicht gleich anbaggern und mit dir ins Bett wollen. Weiß deine Freundin,

dass du beim Sex anders tickst als sie, ist die Sache klar. Du kannst ja auch mit Jungs nur so befreundet sein.

☞ **Homosexuelle Träume** und Fantasien haben viele, warum also nicht auch du? Das bedeutet nicht, dass du doch lesbisch bist.

☞ **Schon mal was von COMING-OUT** gehört? So bezeichnet man es, wenn Mädchen oder Jungs sich ganz klar darüber sind, dass sie homosexuell sind und dies dann auch anderen Menschen mitteilen. Sie outen sich also als schwul oder lesbisch. Das zu tun, dazu gehört eine Menge Mut. Wenn dir also eine Freundin so was erzählt, denk daran, dass sie dir sehr vertraut.

WAS IST LOS,
wenn sein bestes Stück schlappmacht?

HILFE, ER HAT EINEN DURCHHÄNGER!

Jungs denken alle paar Sekunden an Sex, träumen von **erotischen Dates,** finden dies und jenes schon

mal supergeil. Dann spielt ihr Lustzentrum im Kopf fast verrückt. Die Hormone kommen in Wallung und das weckt **ihren kleinen Freund** auf. Der Penis fängt an, sich mit

Blut zu füllen. Das bedeutet, der Typ kriegt einen Ständer. Wenn das nicht so funktioniert, sein bestes Stück schlaff bleibt, nennt man das »impotent« sein. Das kommt schon mal vor, ist aber bei **jungen Männern** meistens eine vorübergehende Erscheinung und von der seelischen Verfassung abhängig. Was Mädchen damit zu tun haben? Vermutlich nicht viel!

WARUM MACHT SEIN »KLEINER FREUND« SCHLAPP?

Auch wenn ein Junge ein Mädchen sehr attraktiv findet, voll verliebt ist und sich nichts sehnlicher wünscht, als mit ihr zu schlafen ... Trotzdem streikt manchmal der Penis. **Hilfe, wie peinlich!** Hoffentlich passiert mir das nie! Das denkt sich wohl jeder Junge.

Die schlappe Nummer kratzt nämlich mächtig am männlichen Ego. Aber Jungs sind eben keine **(Sex)-Maschinen** und können auch nicht immer auf Knopfdruck. Wenn sie Stress haben, in Gedanken mit was anderem beschäftigt sind oder Panik schieben, weil sie doch die **perfekten Lover** sein wollen und das Mädchen ihrer Träume im Bett nicht enttäuschen wollen ... Das ist dann doch manchmal zu viel, zu viel für die Seele. Die meldet sich und schlägt Alarm. Da fehlt dann die Sexpower, die Lust verschwindet, der Penis streikt und macht **einen Rückzieher.**

Das passiert zum Beispiel auch beim ersten Mal. Da stehen nämlich auch Jungs ganz heftig unter Strom und Stress, sodass sie gar nicht können (also keinen Steifen bekommen) oder ganz schnell den Orgasmus haben und die Erektion futsch ist. Alles ganz normal! Die Premiere im Bett ist einfach ziemlich aufregend, da werden die Jungs **schon mal nervös** und kriegen die große Flatter. Na ja, wenn man(n) weiß, dass das auch anderen passiert, ist das gar nicht so schlimm. Hauptsache, man(n) lässt sich deshalb nicht endlos hängen. Selbstvertrauen ist angesagt! Das ist zwar nicht so einfach, wie es sich anhört, aber **Flops und Downs** gehören zum (Liebes-)Leben dazu. Du hast doch auch schon mal gehört, dass sich jemand voll auf einen Schultest vorbereitet, alles weiß und dann plötzlich sitzt er in der Prüfung und weiß gar nichts mehr – **Blackout!** So ähnlich muss sich wohl ein Junge fühlen, wenn´s

im Bett nicht so klappt. Er begreift nichts mehr, vor allem nicht, dass ihn sein kleiner Freund so im Stich lässt. Wichtig ist, dass das Mädchen in dieser Situation nicht beleidigt ist und denkt, der Junge findet sie nicht scharf. Das ist nicht wahr! Keinen Ständer zu haben, ist kein **mangelnder Liebesbeweis.** Schwach sein, das darf sich jeder mal erlauben. Und wenn das Mädchen ihm deshalb nicht die Hölle heiß macht, nicht so tut, als wäre sie enttäuscht, hat der Junge ein weniger schlechtes Gewissen und fühlt sich auch nicht als totaler Versager. Mit **Verständnis und Zärtlichkeit** kommt das zurück, was der Junge zeitweise verliert – nämlich seine Sexpower.
Übrigens: Auch zu viel Alkohol macht den Typen vielleicht geil, aber nicht unbedingt standfest. Schließlich ist auch **sein bestes Stück** betäubt und fängt an zu baumeln.

CHECK ES:

☛ **Dass ein Junge nicht wirklich impotent ist,** sondern nur einen Durchhänger hat, merkt er meistens daran, dass sein Penis steif wird, wenn **er entspannt ist** – also

nicht unter Leistungsdruck steht, z. B. wenn er sich selbstbefriedigt.

☛ **Hat dein Freund mal eine Schwachphase,** denk nicht automatisch, du bist daran schuld oder du hast **was Falsches** gemacht. Es liegt (vermutlich) nicht an dir. Also mach keinen großen Akt daraus. Gib ihm das Gefühl, für dich ist alles okay. Schließlich wird deine Scheide auch nicht auf Kommando feucht. Auch du hast manchmal keine Lust auf Sex. Na und? Das killt doch nicht gleich die Liebe. Ihr habt alle **Zeit der Welt!** Ein missglückter Versuch, miteinander zu schlafen, ist doch kein Unglück.

☛ **Ist dein Traumtyp besonders schüchtern,** drängle ihn nicht auf Teufel komm raus. Ein schüchterner Junge steht anfangs mehr auf Küssen und Zärtlichkeiten. Er muss erst mal **seine Hemmungen** überwinden und Vertrauen zu **seiner Freundin** gewinnen. Gib ihm einfach die Zeit, die er braucht. Keine Sorge, irgendwann hat er den Mut und greift an.

☛ **Unglaublich, aber wahr:** Auch Jungs haben manchmal einfach keinen Bock auf Sex. Da geht dann einfach nichts. Um sich nicht **zu blamieren,** geht er bei dir nicht auf Tuchfühlung, sondern steht auf Ablenkung. Deshalb kann es sein, dass er in einer **Schwachphase** nicht so gerne mit dir alleine sein möchte, sondern sich in der Clique oder auf einer Party wohler fühlt.

☛ **Das erste Mal richtig planen** und den Tag festlegen – da kriegen Jungs schon mal **Muffensausen.** Er ist sich nicht so Hundertpro sicher, ob es bei ihm wirklich klappt. Regt sich bei ihm nicht so viel, nur keine Panik! Oft hilft dann die Kuschelnummer, um auf **andere Gedanken** zu kommen und entspannter zu werden. Dann kommt auch die Lust – nur eben mit Verspätung.

☛ **Manchmal passiert es auch,** dass sein Penis während des Geschlechtsverkehrs vorübergehend **schlaff** wird. Das ist ganz normal, vor allem dann, wenn das **Liebemachen** stundenlang dauert. Dann braucht er eben mal ne Pause.

VERBOTENE LIEBE:
Inzest & Missbrauch

INZEST – WAS HEISST DAS?

Das Wort Inzest kommt vom lateinischen Wort *incestus* und heißt übersetzt: unrein, frevelhaft, blutschänderisch. Gemeint ist damit: Geschlechtsverkehr zwischen **nahen Verwandten.** In unserem Strafgesetzbuch gibt es dazu einen Paragrafen **(§173),** der Sex zwischen engen Familienangehörigen verbietet und sogar unter Strafe stellt. Das heißt, Geschwistern, Halbgeschwistern, Eltern und Kindern oder auch Großeltern und Enkeln **ist es verboten,** miteinander ins Bett zu gehen.

INZEST UND MISSBRAUCH:

Du könntest jetzt fragen: »Warum, was ist schon so schlimm daran, wenn **(Halb-)Geschwister** sich ineinander verlieben und dann freiwillig Sex miteinander haben?« Nun, da gehen die Meinungen schon etwas auseinander. In Deutschland wird Inzest bestraft, in Frankreich dagegen wird Inzest unter nicht Minderjährigen nicht mehr vom Gesetz her bestraft. In anderen Ländern wie **Belgien, den Niederlanden, Luxemburg, Portugal, Türkei, Japan, Argentinien und Brasilien** ebenfalls nicht. Trotzdem sind und bleiben Inzestbeziehungen in unserer Gesellschaft ein Tabuthema und werden als Familienschande bzw. als Familienskandal angesehen. Inzest ist vor allem deswegen verboten, weil negative Erbanlagen einer Familie nicht weiter vererbt werden sollen.

Doch da gibt es eben nicht nur den Inzest, sondern auch den Missbrauch innerhalb der Familie. Das bedeutet, Kinder werden von nahen Verwandten zu sexuellen Handlungen gezwungen oder für sexuelle Handlungen benutzt. **Eines der schlimmsten Verbrechen überhaupt,** weil das Kind sich fast ohnmächtig dem Willen eines erwachsenen Familienmitgliedes unterwerfen muss und sich nicht dagegen wehren kann.

Diese Kinder erleben innerhalb der Familie die Hölle, **körperliche und seelische Qualen** oft über viele Jahre hinweg. Vielleicht fragst du dich, warum sich zum Beispiel ein Mädchen gefallen lässt, dass der Vater sie missbraucht, warum sie sich nicht wehrt und nicht darüber redet? Das ist nicht so einfach zu beantworten. Das Mädchen fühlt sich hilflos dem Vater ausgeliefert. Sie hat erst mal oft gar keine Ahnung davon, **dass der Vater etwas Verbotenes tut.** Dann wird sie meistens massiv vom Täter unter Druck gesetzt, dieses Geheimnis für sich zu behalten und niemandem davon zu erzählen. Das Mädchen schweigt auch, weil es sich schämt und glaubt, dass sie selbst schuld daran ist, was ihr passiert. Aus diesem Teufelskreis kommen die meisten Missbrauchopfer (wenn überhaupt) erst viel später, **oft erst im Erwachsenenalter heraus.** Aber auch dann ist es immer noch eine wahnsinnige seelische Anstrengung, das Schweigen zu brechen. Schließlich geht es darum, jemanden aus dem engsten Familienkreis zu beschuldigen und anzuzeigen. Das zu tun, erfordert einen fast übermenschlichen Kraftakt und ist nur unter psychologischer Betreuung und Behandlung möglich.

CHECK ES:

Hilfe bei Missbrauch: Keine Sorge du bist nicht allein!

Bist du selbst ein Opfer von Missbrauch oder kennst du jemanden aus dem Freundes-, Bekannten- oder Verwandtenkreis, dem so etwas Schlimmes angetan wurde? Adressen und Telefonnummern, wo du Informationen, Beratung, Hilfe und Unterstützung findest, gibt´s im Internet unter:

www.liebeschaos.de

☛ **Cousin und Cousine – ist das Inzest?** Cousin und Cousine sind nicht wie Kinder und Eltern oder Geschwister Verwandte ersten Grades, sondern nur zweiten Grades. Sie dürfen sich also verlieben.

☛ **Inzest in der Antike:** Vielleicht ist es für dich interessant zu erfahren, dass zum Beispiel im Alten Ägypten (304 v. Chr. bis 30 n. Chr.) Inzest vorgeschrieben war. Pharaonen, (also Könige) haben sich jahrhundertelang mit ihren Geschwistern oder anderen engen Verwandten gepaart und auch Nachkommen gezeugt. Dadurch sollte die Macht innerhalb einer königlichen Familie erhalten bleiben.

☛ **Der Freund meiner Mutter** hat einen Sohn**.** Wir haben uns verliebt, dürfen wir ein Pärchen sein? Kein Problem, ihr dürft das. Ihr seid nicht miteinander blutsverwandt. Ihr habt verschiedene Eltern und somit kann zwischen euch kein Inzest stattfinden.

UNSCHULDIG BIS ZUM ERSTEN MAL
Die Story von der Jungfrau

JUNGFERNHÄUTCHEN – WAS IST DAS ?

Das Jungfernhäutchen ist ein kleines dünnes Häutchen, das wie ein Ring den Scheideneingang umgibt.

Es verschließt die Scheide aber nicht total. In der Mitte hat es eine kleine Öffnung. Dadurch rinnt Periodenblut, Scheidenflüssigkeit und

Urin aus der Scheide. Interessant ist vielleicht auch, dass es Mädchen gibt, die bereits **ohne Jungfernhäutchen** zur Welt kommen. Und es gibt welche, die haben so ein elastisches Jungfernhäutchen, das kann sich so weit ausdehnen, dass es beim Geschlechtsverkehr gar nicht reißt. Übrigens: Das Jungfernhäutchen wird auch Hymen genannt. Dieses Wort kommt von Hymenaios, der **griechischen Sage** nach, der Gott der Ehe. Schließlich war es früher fast ein Muss (in manchen Ländern und Religionen ist das immer noch so), jungfräulich in die Ehe zu gehen.

BIN ICH NOCH JUNGFRAU, ODER NICHT?

Viele Mädchen fragen sich: Bin ich noch Jungfrau, wenn ich **mich selbstbefriedige** oder mit meinem Freund Petting mache? Schließlich kann das Jungfernhäutchen dabei manchmal kaputtgehen, z. B. wenn du selbst oder der Junge mit den **Fingern in die Scheide** eindringt. Bevor du dir deswegen zu viele Gedanken machst: Jungfrau bist du normalerweise so lange, bis du mit einem Jungen richtig Geschlechtsverkehr hast. Das Eindringen des

Penis macht dich sozusagen zur Frau. Hab ich noch ein Jungfernhäutchen? Interessiert dich das? Dann schau nach! **Mit einem Vergrößerungsspiegel** kannst du das. Nimm dir dazu Zeit und sorg dafür, dass du ungestört bist. Setz dich auf dein Bett, spreiz deine Beine und bring den Spiegel so in Position, dass du deinen Scheideneingang sehen kannst. Dann zieh deine inneren Schamlippen mit den Fingern etwas auseinander. Eigentlich müsstest du dann das Jungfernhäutchen erkennen können. **Fehlt es?** Keine Panik, das ist nicht schlimm. Hast du noch nie mit einem Jungen geschlafen, bist du trotzdem noch Jungfrau. Und dass es beim ersten Mal wehtut, weil der Junge das Jungfernhäutchen durchstößt ... Keine Sorge! Bist du voll verliebt, hast du das Gefühl, dass dein Freund der Richtige ist, hast du **Vertrauen zu ihm** und sehnst du dich danach, mit ihm ins Bett zu gehen, tut das normalerweise nicht besonders weh. Die meisten Mädchen sind da eher **positiv überrascht**. Und wenn das Jungfernhäutchen reißt, ist es auch nicht so, dass es automatisch irre blutet. Viele bluten gar nicht oder es sind nur ein paar wenige Tröpfchen.

Hatte ein Junge noch keinen Geschlechtsverkehr, nennt man ihn übrigens **männliche Jungfrau.** Das geben die Typen allerdings meistens nicht gerne zu und tun so, als ob sie in Sachen Sex schon irre viel Erfahrung hätten. Neugierig, ob du die Erste für ihn bist oder nicht? Sorry, aber an seinem Penis kannst du das nicht feststellen, aber vielleicht an seinem Verhalten. Schließlich sind Jungs **genauso aufgeregt** und schüchtern beim ersten Mal. Bist du selbst noch Jungfrau, solltest du diese Info deinem Freund besser geben. Weiß er nämlich Bescheid, kann er sich **darauf einstellen** und beim ersten Mal besonders zärtlich und vorsichtig sein.

CHECK ES:

☞ **Ist das Jungfernhäutchen mal gerissen,** wächst es von selbst nicht wieder zusammen. Auch dann nicht, wenn du eine ewig lange Sexpause einlegst.

☞ **Hat ein Mädchen beim Sex Schwierigkeiten,** weil der Junge nicht in sie eindringen kann, ist es möglich, dass sie ein sehr festes und zähes Jungfernhäutchen hat. Am besten geht sie dann zum Frauenarzt (oder zu einer Frauenärztin) und lässt sich untersuchen. Der Arzt kann mit einem kleinen Schnitt das Jungfernhäutchen durchtrennen. Anschließend kann sie meistens problemlos mit einem Jungen schlafen.

☞ **Durch die Öffnung,** die sich in der Mitte des Hymen befindet, passt normalerweise problemlos ein Tampon-Mini. Du kannst also auch als »Jungfrau« ein Tampon während der Tage verwenden. Sei einfach ein bisschen vorsichtig und versuch nicht, mit Gewalt den Tampon in die Scheide zu drücken. Mit ein bisschen Spucke oder ein bisschen Creme auf der Tamponspitze geht das Einführen leichter.

☞ **In vielen Kulturen und Religionen** soll das Mädchen jungfräulich in die Ehe gehen. Ein kaputtes Jungfernhäutchen geht also gar nicht. Ist es, egal aus welchem Grund, aber trotzdem gerissen, gibt's die Möglichkeit, sich vom Frauenarzt sozusagen ein neues basteln zu lassen. Dieser Eingriff dauert ungefähr eine halbe Stunde und wird unter einer kurzen Narkose durchgeführt.

☛ **Es gibt aber auch Mädchen**, die sind froh, wenn sie feststellen, dass ihr Jungfernhäutchen schon vor dem ersten Mal nicht mehr vorhanden ist. Denn wo nichts mehr ist, muss der Junge auch nichts mehr durchstoßen. Deshalb sind sie locker und weniger verkrampft.

☛ **Was die Untersuchung beim Frauenarzt betrifft:** Keine Sorge, das Jungfernhäutchen bleibt heil. Noch was: Den Arzt interessiert es null, ob du noch Jungfrau bist oder nicht. Das ist deine Intimsphäre und in die wird er nie eingreifen.

Ihm geht es nur darum, dich ärztlich zu beraten und zu behandeln. Er wird es auch nicht einfach so deinen Eltern erzählen, wenn er feststellt, dass du schon Sex hattest.

☛ **Es klingt vielleicht ein bisschen komisch.** Aber Mädchen, die nie mit einem Jungen schlafen, weil sie von Anfang an nur mit Mädchen intim sind, bleiben streng genommen immer Jungfrauen. Na ja, daran siehst du schon, dass das Wort total veraltet ist. Es stammt aus einer Zeit, in der homosexuelle Beziehungen totgeschwiegen wurden.

ZUNGENKUSS
Er ist heiß auf deinen Erdbeermund!

HILFE, ICH KANN NICHT KÜSSEN!

Da interessiert sich der süßeste Typ der Welt für dich und dann kommt´s plötzlich: **Hilfe, ich kann ja noch gar nicht küssen!** Was soll ich mit meinen Lippen und mit meiner Zunge anstellen? Was passiert mit all der Spucke? Das

wird doch bestimmt ein Flop! Fragen und Gedanken, die dir durch den Kopf schießen – vor allem, wenn du noch nie einen Jungen geküsst hast. **STOPP, was soll der ganze Stress?** Küssen ist doch kein Leistungsfach, sondern was ganz wunderbar Sensationelles.

KEINE PANIK! KÜSSEN KANN JEDER!

Interessierst du dich für einen Jungen, ist nicht gleich beim ersten Date Knutschalarm angesagt. Du lernst deinen Schwarm erst allmählich kennen, ihr unterhaltet euch, du erfährst, wie er so drauf ist, was er für dich empfindet und dann passiert es von ganz allein. **Küssen kann wirklich jeder!** Wenn es zwischen dir und einem Jungen gefunkt hat, zieht ihr euch magisch an. Dagegen kannst du fast nichts unternehmen. Bammel vorm Küssen hast du nur bis zu dem Moment, bis du´s probiert hast und darauf kommst, dass alles von selbst läuft.

WIE GEHT DAS MIT DEM ZUNGENKUSS?

❶ Deinen ersten Kuss startest du nicht unbedingt im Supermarkt zwischen Tütensuppen und Waschmittel. **Je romantischer, desto besser.** Und seid ihr euch so nah, dass ihr euch ganz tief in die Augen schauen könnt, ist der Kuss nicht mehr allzu fern.

❷ Am Anfang ist dein Mund noch leicht geschlossen, **sanft berühren deine Lippen** seine Lippen. Also nicht den Mund so weit aufreißen, dass man(n) deine Mandeln sehen kann.

❸ Leg in den Kuss das hinein, was du für den Jungen empfindest. Dann springt der Funke von selbst über. Deine Lippen sind weich und beweglich. Mit sanften Küsschen auf seiner Ober- und Unterlippe, so machst du zuerst Bekanntschaft mit seinem Mund. Übrigens: **Küsse wie Beton machen keinen Spaß.** Labberige Küsse sind auch nicht der Hit und aneinander festsaugen, als wärt ihr zwei Fische ... Na ja, besser, du legst zwischendurch eine kleine Kuss-Pause ein. Das steigert die Sehnsucht und Leidenschaft.

❹ Um sich auf den Kuss voll zu konzentrieren, schließ einfach deine Augen. Dann vergisst du **die Welt um dich** herum und fühlst dich nicht so beobachtet.

❺ Denk nicht, dass du bei der Kuss-Olympiade mitmachst. Es geht nicht darum, wer die Zunge tiefer in den Mund des anderen schiebt. Du musst mit deiner Zunge nicht **den Rachen des Jungen** putzen. Die heißesten und intensivsten Zungenküsse werden mehr mit den Lippen und der Zungenspitze ausgeführt. Mit deiner Zungenspitze umkreist du seine.

6 Küssen solltest du nur den Jungen, der dir voll am Herzen liegt. Denn nur dann hast du Lust darauf und nur dann macht es dir **auch wirklich Spaß.** Nur so küssen, um Erfahrungen zu machen, das lässt dich eher kalt. Da bist du doch nicht wirklich bei der Sache.

7 Du kannst nichts falsch oder richtig machen. Wenn du verliebt bist und dich **gut dabei fühlst,** hast du den Dreh schneller heraus, als du denkst.

CHECK ES:

☛ **Viele Mädchen üben das Küssen** zuerst mit der besten Freundin. Das ist voll okay. Schließlich vertraut ihr euch. Und so kriegt ihr beide ein bisschen Ahnung davon, wie´s mit einem Jungen sein könnte.

☛ **Trägst du eine Zahnspange,** dann nur keine Panik, dass der Junge sich daran verletzt. Denk daran, er macht mit seiner Zunge ja keine Zahnreinigung.

☛ **Keine Sorge,** du kriegst beim Küssen genug Luft. Schließlich kleben eure Lippen ja nicht luftdicht aufeinander. Und durch die Nase kannst du ja auch noch locker atmen.

☛ **Willst du vor deinem ersten Kuss** schon mal ein bisschen experimentieren, kannst du das tun. Das geht so: Press die Spitze von Daumen und Zeigefinger einer Hand leicht zusammen. So einsteht ein bisschen die Form von Lippen. Dann knutschst du ein bisschen mit dem Zeigefinger (das soll dann seine Oberlippe sein) und dann mit dem Daumen (das ist dann seine Unterlippe), und schiebst deine Zungenspitze zwischen Zeigefinger und Daumen und spielst ein wenig mit ihnen.

☛ **Du findest Küssen ekelig?** Mach dir deshalb keine Gedanken! Du bist eben noch nicht so weit. Du brauchst noch ein bisschen Zeit.

☛ **Lass dich von deinen Freundinnen** nicht drängeln. Du entscheidest, wann und mit wem dein erster Zungenkuss passiert. Knutschst du nur mit einem Jungen, um in der Clique mitreden zu können, wirst du vor Begeisterung nicht gerade an die Decke springen. Da fehlt dann einfach was – nämlich das Gefühl, und das ist beim Küssen das Allerwichtigste.

☛ **Küssen macht zwar nicht schlank,** aber immerhin verbrauchst du pro Kuss 12 bis 100

Kalorien – je nach Länge und Leidenschaft!

☞ **Ohne, dass du es mitbekommst,** sind deine Gesichtsmuskeln beim Küssen mega-aktiv. Kaum zu glauben: 29 Gesichtsmuskeln bewegen sich beim Knutschen.

☞ **Mundgeruch ist der absolute Abtörner.** Also vorher Zähneputzen nicht vergessen. Frischer Atem dank Kaugummi – so schmecken Küsse richtig lecker.

☞ **Du bist gar nicht spröde,** aber vielleicht deine Lippen. Mach sie kussweich mit einem Peeling. Das geht, indem du mit deiner Zahnbürste ein bisschen deine Lippen rubbelst. Hast du raue oder rissige Lippen, dann schmier dir Honig auf deinen Mund. Am besten über Nacht.

☞ **Beim Küssen werden deine Sinne** voll aktiviert. Da passiert so einiges in deinem Körper. Du kriegst Gänsehaut, Schmetterlinge tanzen in deinem Bauch, es kribbelt überall und vielleicht willst du nach einem Zungenkuss sogar noch mehr ...

DER ÜBERZIEHER, WENN´S DANN ZUR SACHE GEHT:
Noch mehr über Kondome

DIE STORY VOM KONDOM

Die »Penissocke« gab´s schon vor 3000 Jahren. Somit ist das Kondom das **älteste Verhütungsmittel** und das einzige, das Jungs voll im Griff haben. Das Wort Kondom kommt entweder aus dem Lateinischen, nämlich von *Condus*, das heißt übersetzt so viel wie »Behältnis«. Oder es hat seinen Namen von dem englischen Hofarzt Dr. Condom, der König Charles II Schutzhüllen aus Tierdärmen anfertigte. Mittlerweile sind die **Kondome aus Latex** (das ist ein Gummimaterial) und in allen möglichen Variationen, nämlich bunt, lecker, genoppt, gerippt, small oder x-large erhältlich. Ist ein Typ auf Latex allergisch (ungefähr zwei Prozent sind das), gibt's den Überzieher auch aus einem synthetischen Material speziell für diese Fälle.

WIE FUNKTIONIERT DAS MIT DER LÜMMELTÜTE?

Jeder Junge kann mit einem Kondom verhüten. Ausreden zählen nicht, auch wenn Jungs davon einige auf Lager haben:

➤ *Kondome verderben die Stimmung!*
➤ *Sex fühlt sich damit nicht so richtig echt und toll an!*
➤ *Ich hab doch keine Krankheit!*
➤ *Ich kann gut aufpassen, dass auch wirklich nichts passiert!*
➤ *Wenn du mich liebst, dann schläft du ohne mit mir ....*

Von wegen, lass dich bitte auf kein Risiko ein. **Geh auf Nummer Sicher!** Bestehe auf ein Kondom! Denn eins ist klar: Kondome verhindern nicht nur, dass du **ungewollt schwanger wirst,** sondern schützen dich vor ansteckenden Krankheiten, wie Aids und anderen Geschlechtskrankheiten. Mit einem Kondom kannst du dich vertraut machen, bevor du einen Freund hast.

Wie wär's: Besorg dir doch schon mal vorab ein Verhüterli. Dann kannst du stressfrei das Überziehen trainieren, zum Beispiel an einer Banane oder einer kleinen Gurke.

Im Ernstfall geht das dann so: Kodomfolie an der Aufreißmarkierung öffnen! Erst wenn der Penis steif ist, kann's mit dem **Überstreifen des Kondoms** losgehen. Zuerst das Kondom ungefähr 2 cm abrollen. So checkst du die richtige Richtung! Dann nimm die Kondomspitze zwischen Zeigefinger und Daumen. In dem kleinen Hütchen darf nämlich keine Luft drin sein. Der Platz ist für die Samenflüssigkeit reserviert. Der nächste Schritt: Die Vorhaut (falls vorhanden) zurückschieben. So ist sichergestellt, dass sich das **Kondom beim Sex** nicht selbstständig macht. Dann ist es so weit! Sein steifes Glied kriegt das Kondom verpasst. Von der Penisspitze ab wird es so weit runtergerollt, bis es nicht mehr weiter geht.

Danach, also wenn der Junge **den Samenerguss** hatte, keine Pause einlegen. Bevor der Penis schlaff wird, sollte er den Rand des Kondoms festhalten und sein Glied samt der Gummitüte herausziehen. Ganz herunter kommt das Kondom erst, wenn ihr etwas auf Entfernung seid. So kann nichts passieren. So ist die Gefahr, dass Samen in die Scheide kommt, gebannt.

CHECK ES:

☛ **Am besten ist doppelte Verhütung**. Er verwendet ein Kondom, sie zum Beispiel die Pille oder einen Verhütungsring. Das ist Sicherheit pur. Zwei Kondome übereinander sind allerdings NICHT angesagt. Warum? Die Kondome reiben aneinander und können dann zerreißen.

Fun-Kondome sind absolut nicht sicher. Safer Sex? Mit den Spaß-Gummis garantiert nicht. Und noch was: Dasselbe Kondom nie zweimal verwenden ... Vergiss es!

☛ **Tritt der Notfall ein** und das Kondom ist beschädigt bzw. geplatzt, dann hilft nur eins – nämlich das **SOS-Programm:**
Innerhalb der nächsten 36 Stunden ab zum Frauenarzt oder am Wochenende in die Notaufnahme eines Krankenhauses! Dort bekommst du die »Pille danach« (siehe auch Seite 129).

☛ **Aufgepasst!** Kondome hassen fetthaltige Cremes und Sonnenstrahlen, mögen nicht tage- oder wochenlang gequetscht in der Jeanstasche oder im Portemonnaie getragen werden und es ist gefährlich, sie im Beautycase neben spitzen oder scharfe Gegenständen wie Nagelschere oder Feile aufzubewahren.

☛ **Kondomverpackung bitte nicht** mit einem Messer oder einer Schere öffnen. Das schaffst du locker mit den Fingern, dort, wo die Aufreißmarkierung ist. Vorsicht mit den Fingernägeln. Kondome lieben weiche Fingerkuppen! Auch starke Haarstoppeln nach einer Intimrasur sind nichts für Kondome. Das wäre ja fast so, als würde man den »Gummi« über eine Bürste ziehen. Ist die Kondomverpackung aufgerissen, verknautscht oder sonst beschädigt? Dann bitte nicht verwenden!

☛ **Voll okay ist jedes Kondom,** das auf der Packung das qualitative CE-Gütesiegel hat und bei dem das Verfallsdatum nicht abgelaufen ist. Ist es abgelaufen, dann weg mit dem Ding!

IM TAL DER TRÄNEN
Wenn der Liebeskummer kommt

DER (AB)STURZ VON WOLKE SIEBEN

Bist du verliebt, stimmt die Chemie zwischen dir und einem Jungen, dann tanzen bei dir die Moleküle, dein Körper produziert Glückshormone wie verrückt. Es kommt dir vor, als hättest du Flügel und könntest fliegen. Beim Liebeskummer passiert genau das Gegenteil. Dein Körper steht unter Schock, er ist voll gestresst und die Hormone in deinem Körper machen eine Talfahrt. Deshalb fühlst du dich depri, alleine, schwach, traurig, einsam und verlassen. So als würdest du in einem tiefen Loch sitzen, und da wieder herauszukommen und diesen Schmerz zu überwinden ... Wie sollst du das nur schaffen?

So killst du deinen Liebeskummer:

1 **Schweigen und schmollen bringt nichts!** Mach den Mund auf und rede mit deinen Freundinnen über deine Gefühle. Sie hören dir zu, auch wenn du dich wiederholst.

2 **Du hast allen Grund,** Tränen zu vergießen. Also heul, was die Tränenflüssigkeit hergibt. Dafür musst du dich nicht schämen!

3 **Schreib auf einen Zettel** seinen Namen und verbrenn ihn, bis nur noch Asche übrig bleibt. Wer weiß, vielleicht ist der Typ dann schon für dich gestorben.

4 **Da muss sich was ändern!** Genau, und deshalb mach einen neuen Typ aus dir. Erkundige dich beim Friseur, ob er Modelle zum Haareschneiden sucht. Neuer Kopf, neue Ideen!

5 **Er hat dein Herz gebrochen,** jetzt zerreißt du seine Fotos und Liebesbriefe und bringst sie dorthin, wo sie hingehören – nämlich auf den Müll.

6 **Wie wär´s mit einem Tagebuch?** So schreibst du dir den Liebeskummer von der Seele. Das befreit! Der schwere Ring, der sich um dein Herz gelegt hat, beginnt sich zu lockern.

7 **Alles, was dich an ihn erinnert ...** Vergiss es! Eure Lieblings-CD behandelst du so, als hätte sie einen Sprung, und um eure Lieblingslocation machst du einen riesigen Bogen.

8 **Du kriegst Wut im Bauch?** Gut so! Es ist ja auch eine Frechheit, dich einfach sitzen

CHECK ES:

☞ **»Lass uns Freunde bleiben!«**
Dieser Spruch ist echt bescheuert!
Lass dich besser nicht darauf ein.
Es ist wirklich besser, wenn du ihn
nicht mehr triffst oder sprichst.
Denn jeder Kontakt mit dem Ex
reißt die Wunde wieder auf.

☞ **Hat dir ein Typ mal sehr
wehgetan,** heißt das nicht automatisch, dass jeder Junge so drauf
ist. Ehrlich, das stimmt garantiert so
nicht. Also gib der Liebe eine neue
Chance und denk positiv.

zu lassen. Wer ist er überhaupt? Auf jeden Fall nicht der Traumjunge, der dich
verdient. Also ex und hopp!

9 Bei Cliquen-Unternehmungen bist
du dabei! Auch wenn du sauer
bist, versauern willst du ja schließlich
nicht. Und so kommst du auch auf andere Gedanken.

10 Tank verstärkt Glückshormone.
Das heißt: Iss Süßes, Saures
und Scharfes. Nutz jeden Sonnenstrahl
aus, geh an die frische Luft und starte
dein persönliches Bodytraining. So wirst
du fit für was Neues oder für einen
Neuen.

☞ **Sex mit dem Ex,** das bringt
in den meisten Fällen nichts außer
Kummer. Du machst dir nur wieder
Hoffnungen, aber ob diese sich
dann auch erfüllen? Wenn er nur
Sex will, du aber Liebe, dann ist oft
endloser Liebeskummer angesagt.
Lass es also lieber sein!

☞ **Liebeskummer hat jeder einmal,** auch die tollsten Superstars.
Es wäre also ein Wunder, wenn es
dir nicht auch einmal passieren
würde.

☞ **Lieber ein Ende mit Schrecken** als ein Schrecken ohne Ende.
Wenn ihr beide nicht zusammen-
passt, wirst du auf Dauer auch
nicht glücklich. Und du hast es echt
verdient, total happy zu sein.

☞ **Je länger ihr getrennt seid,**
umso weniger denkst du an ihn
und desto weniger tut´s weh. Der
schlimmste Liebeskummer dauert
normalerweise so ungefähr sieben
bis zehn Wochen.

DAS NACHSPIEL
Darf es noch ein bisschen mehr sein?

WISSEN JUNGS ÜBERHAUPT, WAS EIN NACHSPIEL IST?

Vielleicht kannst du es ihnen ja erklären. Denn »Nachspiel« ist ihnen schon ein Begriff, aber eher beim Fußball. Aber auch nach dem Geschlechtsverkehr geht´s beim Liebesspiel **in die Verlängerung.** Und dabei könnte er bei dir garantiert einen Treffer landen, oder?

WARUM MACHEN JUNGS NACH DEM SEX OFT SCHLAPP?

Der Höhepunkt beim Sex ist der Orgasmus. Der Junge hat einen Samenerguss und fühlt sich danach meistens ausgepowert. Dann ist nicht nur sein Penis schlaff, sondern der ganze Typ fühlt sich ziemlich schlapp. Sein Energiependel schlägt nicht mehr aus. Da braucht er **etwas Entspannung.** Bei Mädchen ist das oft ganz anders. Hoppla, die sind danach noch relativ fit und aufgedreht. Nach dem Sex schlägt ihr Herz immer noch rasend für ihren Liebsten und das will sie ihm auch beweisen. Jawohl! Sie ist

im **absoluten Kuschelfieber** und möchte einfach noch ein bisschen weiterspielen. Du siehst also schon, da treffen zwei Welten aufeinander. So richtig toll finden Mädchen es eben nicht, wenn ihr Lover gleich danach die **Schnarchphase** einleitet. Das kommt nicht so gut. Da kann sie schon mal ins Grübeln kommen und sich so ihre Gedanken machen: Hat er mich wirklich lieb? **Wollte er nur Sex?** Bin ich jetzt nicht mehr attraktiv? Warum kümmert er sich nicht um mich? Ist er denn der absolute Kuschelmuffel und so weiter und so weiter ... So links liegen gelassen werden, das sind eben keine Streicheleinheiten für die Seele. Und dass der Freund plötzlich auf Distanz geht, wenn sie die ganze Welt umarmen könnte, das kann sie nicht so richtig begreifen. Da fühlen sich viele Mädchen dann abgeschoben und zu wenig beachtet.

Aber ganz ehrlich: So gemein sind Jungs nicht! Bei ihnen ist einfach kurzzeitig die Luft raus. Das hat etwas mit seiner Erregungspha-

se zu tun. Bei ihm schießt die Lust-
kurve schnell nach oben. Und hat
er dann den Gipfel erreicht (also
wenn er den Samenerguss hat),
macht er sozusagen den Sturzflug.
Unten angekommen, fühlt er sich
dann erst mal wie erschlagen.

Bei Mädchen ist das anders. Ihre
Erregungskurve sieht aus wie ein
sanfter Hügel. Oder wie eine Welle,
die sanft an den Strand plätschert.
Bei ihr stellt sich nach dem Sex
verstärkt ein **warmes, wohliges
Glücksgefühl** ein. Sie ist zum Kuscheln und Schmusen aufgelegt.
Damit du keinen Frust hast und
dein Freund keinen Stress – wie
wär's damit: Er nimmt dich in den
Arm, du schmiegst dich an ihn ran
und dann könnt ihr gemeinsam
ein bisschen miteinander träumen.
Oder ihr legt euch wie **zwei Löffel-
chen** eng aneinander. So spürt ihr
euch hautnah und könnt gemeinsam relaxen. Wenn dein Freund
das noch nicht so richtig drauf hat,
musst du deswegen ja nicht gleich
böse oder beleidigt sein. Warum
auch? Zeig ihm, wie zärtlich du sein
kannst und lass ihn spüren, wie nah
du ihm sein möchtest. Das gefällt
ihm sicher besser als Zickenalarm.

CHECK ES:

☛ **Keine Lust auf die Kuschel-
tour?** Voll okay! Jedes Mädchen
darf so drauf sein, wie es eben
drauf ist. Auch beim Nachspiel gibt
es keine bestimmten Verhaltens-
regeln. Das wär ja noch schöner!
Wenn du dich also danach wie
geplättet fühlst, dann ist das eben
so. Du darfst (auch) k. o. sein.
Genauso kann es aber sein, dass du
hinterher den vollen Energieschub
hast und aufgedreht bist. Alles ist
möglich!

☛ **Schon fast normal:** Jungs
dösen nach dem Sex einfach weg.
Aber die Schlaff- bzw. Schlafphase
dauert bei den meisten nicht ewig.
Nach ein paar Minuten ist er wieder
fit und voll einsatzfähig. Nach
circa zehn Minuten könnte es sein,
dass euer Liebesspiel von vorne
beginnt. Aber keinen Stress, er ist
keine Sexmaschine und muss auch
keine Rekorde brechen!

☛ **»Na, wie war ich?«**
Diese Frage steht Jungs oft in den
Augen geschrieben. Da können sie
noch so megacool tun und sich
überirdisch selbstbewusst präsen-
tieren. Für Komplimente haben sie
vermutlich nicht nur ein offenes
Ohr, sondern gleich zwei.

Natürlich freut es ihn, wenn du ihm das Gefühl gibst, dass es dir mit ihm Spaß macht. Ist doch so. Aber im Bett geht es ja nicht um Leistung, sondern um Lust und Liebe. Und manchmal fehlen dir eben auch die Worte.

☛ **Danach ab ins Bad.** Warum nicht? Fühlt ihr euch verschwitzt, verschwitzt, ist Wasser nicht das Schlechteste. So ein Duschstrahl erfrischt und macht (auch ihn) wieder munter. Viele Mädchen verschwinden übrigens im Bad, um auf die Toilette zu gehen. Ihnen ist es vielleicht unangenehm, wenn danach Samenflüssigkeit aus der Scheide läuft.

WAS SICH LIEBT, DAS NECKT SICH!
Wo er beim Necking streicheln darf

BIS DAHIN UND NICHT WEITER!

Necking kommt aus dem Englischen, von *to neck*, was »knutschen« heißt. Aber es ist nicht nur **Küssen und Knutschen** damit gemeint, sondern noch mehr: Streicheln, Berührungen und Zärtlichkeiten von Kopf bis Bauch. Da, wo die **Jeanshose** anfängt, ist Schluss. Im Intimbereich wird beim Necking nicht gefummelt. Wenn doch, dann ist das Petting – da wird überall gestreichelt.

ES DARF »GENECKT« WERDEN!

Den Traumtyp entdeckt, voll verliebt, schon gedatet, Händchen gehalten, der erste Kuss und dann? Ja, dann ist es bei den meisten Pärchen irgendwann so weit. Sie wollen mehr, sie gehen einen Schritt weiter. Das **Necking-Programm** ist angesagt. Lippen und Hände kommen bei diesem Liebesspiel zum Einsatz. Da wird heftig gekuschelt, **wild geknutscht,** da fallen schon mal ein bisschen die Hüllen.

Dein Freund kann seine Finger nicht von dir lassen. Er wühlt in deinem Haar, streichelt mit seinen Fingern dein Gesicht, schnuppert an dir, knabbert an deinem Ohrläppchen, knutscht an deinem Hals und saugt sich gelegentlich auch an dir fest. Dabei entstehen dann die Knutschflecken. Und wenn ihr **beide wirklich Necking** machen wollt, wird der Junge bei dir auch am Busen fummeln, deine Brüste massieren, an deinen Brustwarzen schlecken und seine Zunge um deine Brustwarzen (auch Nippel genannt) kreisen lassen. Vielleicht legt er auch seinen Kopf an deinen Bauch, um zu hören, ob bei dir wirklich die Schmetterlinge tanzen.

Aber auch die Mädchen gehen auf **Kuschelkurs**. Schließlich willst du ja auch wissen, wie dein Freund unter seinem T-Shirt aussieht, wie sich seine Haut anfühlt, wie sie riecht. Und nicht, dass du denkst, Jungs wollen nur an der einen Stelle (dem Penis) angefasst werden. Keinesfalls, sie stehn genauso wie du auf **Streicheleinheiten und Küsse** von Kopf bis Bauch! Du kannst dich voll an ihre Brust kuscheln und ihre Brustwarzen streicheln. Das finden sie nämlich ziemlich aufregend. Aber auch Hals und Nacken sind so ganz spezielle Lustpunkte. Wenn sie dort deine Lippen und deinen Atem spüren, kriegen sie ganz schnell Gänsehaut. Also schmeiß dich ihm an den Hals!

CHECK ES:

☛ **Knutschen und Kuscheln** ist für viele Mädchen, das, was sie mit einem Jungen zuerst machen. Für viele ist dann erst mal eine Pause angesagt. Mehr wollen sie noch nicht. Will der Junge mehr – also am Busen fummeln – ist ihnen das unangenehm und sie gehen auf Distanz. Das ist voll okay! Sag deinem Freund, wo deine Grenzen sind. Umgekehrt kannst du natürlich auch den ersten Schritt machen. Nämlich dann, wenn du darauf Lust hast! Dann lass die Finger nicht von ihm!

☛ **Knutschflecken entdeckt man** meistens zu spät. Auch wenn sie für viele Mädchen so was wie Liebesbeweise sind, sollte sie vielleicht nicht unbedingt jeder sehen, z. B. die Eltern oder die Lehrer. Wegzaubern kann man sie nicht so schnell und oft deckt auch Make-up nicht alles ab. Zum Glück gibt´s ja Rollkragenpullover, Schals und Halstücher. Ob bei dir der Zahnpasta-Trick Erfolg hat? Probier´s mit einem Miniklecks Zahncreme auf deinem Knutschfleck aus. Juckt oder brennt es, wasch sie lieber wieder ab.

☛ **Er geht zu heftig ran!**

Vor allem, wenn andere dabei sind ... Nichts für schüchterne Mädchen, das ist ihnen unangenehm. Voll okay, wenn du auch so drauf bist. Lass deinen Gefühlen freien Lauf, wenn ihr alleine seid. Und Fummeln im Dunkeln? Warum nicht! Da hast du dann weniger Hemmungen.

☛ **Wenn du merkst,** dass er beim Necking erregt wird ... Keine Panik, das ist ganz normal! Seid ihr im Fummelfieber, sendet das Gehirn sexuelle Signale und sein Penis wird steif. Der Hautkontakt mit dem Freund lässt dich ja auch nicht kalt. Ganz im Gegenteil, wenn´s dir mit ihm gefällt, wirst auch du heiß und deine Scheide feucht.

☛ **Findest du,** dein Busen ist für einen Jungen nicht attraktiv genug? Mach dir da bloß mal nicht zu viel Sorgen! Dein Busen ist toll, denn er gehört zu dir.

NUR EINMAL UND NIE WIEDER
Die Sache mit dem One-Night-Stand

EINMAL IN DER »KISTE« UND DAS WAR´S?

Aus dem Englischen übersetzt bedeutet *One-Night-Stand* so etwas wie **»einmaliges Gastspiel«.** Schauspieler nannten früher so eine Aufführung, die nur an einem einzigen Abend stattgefunden hat. Du denkst vermutlich an was anderes, wenn du dieses Wort hörst. Nämlich, dass zwei miteinander ins Bett gehen und sie nur eine einzige Nacht miteinander verbringen. Der **Beginn einer Liebe** ist damit nicht unbedingt gemeint, es geht auch nicht um eine längere Beziehung, sondern meistens nur um ein sexuelles Abenteuer.

SEX, LUST UND KEINE LIEBE?

Vielleicht kennst du so eine Situation oder eine Freundin hat dir davon erzählt: Du bist auf einer Party oder in der Disco und findest einen Jungen besonders toll. Ihr beide kommt euch näher, ihr tanzt, flirtet und küsst euch. Wie weit geht das dann noch mit euch? Geht ihr danach wieder getrennte Wege? Verabredet ihr euch für ein weiteres Date? Oder habt ihr euch so heiß getanzt, dass da noch mehr passiert. **Aus Liebe?** Ob das bei einem One-Night-Stand wirklich der Grund ist? Jungs legen es manchmal einfach darauf an, **Mädchen abzuschleppen** – auch ohne Herzklopfen und Flugzeuge im Bauch. Damit aber kein falscher Eindruck entsteht: Auch Mädchen sind nicht immer Unschuldsengel. Sie tun schon auch einiges, um einen Typen voll kirre zu machen. Auch Seitensprünge sind häufig One-Night-Stands.

Und der Sex mit dem Ex? Trifft man **den Verflossenen** wieder, da ist es dann – dieses vertraute Gefühl, die Lust, mit ihm schlafen zu wollen, die Sehnsucht, in seinen Armen zu liegen, und auch die Hoffnung, dass aus dem One-Night-Stand vielleicht doch wieder mehr wird. Eine zweite Chance für die Liebe? Vorsichtig, dieser Wunsch geht leider nicht ganz so einfach in Erfüllung. Der One-Night-Stand ist nicht für die

Ewigkeit gedacht, auch wenn es da schon mal heftig leidenschaftlich zur Sache gehen kann. Was ist am nächsten Morgen, am nächsten Tag? Alles ganz normal, alles so, als wäre diese Nacht **nie geschehen,** alles im grünen Bereich oder doch unglücklich und frustriert, weil die Gefühle des anderen total verpufft sind und ein zweites oder drittes Date überhaupt nicht infrage kommt? Viele Mädchen lassen sich darauf ein, weil sie dem Jungen, den sie ja eigentlich ganz toll finden, keinen Korb geben wollen. Wenn er es will, dann machen sie eben mit. Das ist auch der Grund, warum viele Mädchen den One-Night-Stand nicht so **befriedigend finden.** Was auch kein Wunder ist, denn wichtige Voraussetzungen, um Sex toll zu finden und sich fallen lassen zu können, fehlen: Vertrauen und Liebe. Man kennt sich noch nicht richtig, von Liebe ist noch nicht (oder nicht mehr) die Rede und von Vertrauen keine Spur. Und: Wenn Sex für eine Nacht passiert, ist oft auch **Alkohol** im Spiel: Das Es könnte danach einen Kater geben, der nicht nur für Kopfschmerzen sorgt, sondern auch für Liebeskummer.

CHECK ES:

☛ **Kennst du einen Jungen** noch nicht so richtig, überleg dir genau, ob du mit ihm gleich ins Bett willst. Oft ist es besser, sich erst mal näher kennenzulernen und es langsam angehen zu lassen. So kriegst du raus, ob der Junge nur das Eine von dir will oder ob Gefühle mit im Spiel sind.

☛ **Hör auf dein Gefühl!** Wenn du zu einem Jungen »Nein« sagst, heißt das nicht, dass du für ihn nicht mehr interessant bist. Vielleicht ist genau das Gegenteil der Fall. Muss er sich anstrengen, dich zu erobern, bist du für ihn vielleicht viel begehrenswerter, als wenn du sofort »Ja« sagst.

☛ **Hast du Bammel,** deinem Freund einen Ausrutscher zu beichten, dann überprüf deine Gefühle. Hast du nur ein einmaliges Experiment gestartet und bist du noch immer voll in deinen Freund verliebt, ist es oft besser, die eine Nacht zu vergessen und aus deinem Gedächtnis zu streichen. So ein bedeutungsloser One-Night-Stand kann dein Geheimnis bleiben.

☛ **Ein One-Night-Stand** ist nichts Schlimmes oder Schlechtes. Wenn du Lust darauf hast, es spannend und aufregend findest und es mal ausprobieren möchtest, weil du neugierig bist oder weil du einen Jungen total sexy findest ... Warum nicht?

Was Jungs tun, dürfen auch Mädchen machen! Nur lass dich NIE darauf ein, ohne richtig zu verhüten! Verhüte lieber doppelt. Wenn du die Pille nimmst, sollte der Junge auf jeden Fall zusätzlich ein Kondom verwenden. So schützt du dich nicht nur vor einer ungewollten Schwangerschaft, sondern auch vor ansteckenden Krankheiten, wie zum Beispiel Aids.

☛ **Ist der Ex noch nicht** ganz aus deinem Herzen und deinen Gedanken verschwunden, ist die Gefahr manchmal ziemlich groß, wieder mit ihm ins Bett zu gehen. Schalte den Kopf ein. Seine Gefühle sind nicht immer das, was du noch für ihn empfindest.

☛ **Meldet sich der Junge** nach einer Nacht nicht bei dir, war das für ihn wohl nur eine einmalige Sache. Auch wenn du dir mehr erträumt hast, schieß ihn lieber schnell auf den Mond! Er ist nicht dein Traummann, mit dem du glücklich wirst.

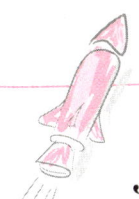

ABGEHEN WIE EINE RAKETE
Ist der Orgasmus ein Muss?

DER HÖHEPUNKT KOMMT AM SCHLUSS!

Der Orgasmus ist der sexuelle Höhepunkt. So etwas wie eine kleine Orgie im Körper. Einfach ein großartiges Gefühl, das du bekommst, wenn du mega-erregt bist und die **volle Lustenergie** überall spürst. So, als würde Sprudelwasser durch deine Blutbahnen sausen und dabei deine Nervenbahnen kitzeln. Oder du spürst ein totales Kribbeln zwischen deinen Beinen und gleichzeitig toben Schwärme von Schmetterlingen in deinem Bauch. Oder du empfindest ein heißes **Glühen und Vibrieren** von den Haarspitzen bis zu den Zehen. Jungs beschreiben den Orgasmus auch so:
Es ist, als würde ein Korken aus einer Flasche knallen.

Dieses sensationelle Gefühl dauert ein paar Sekunden, beim Jungen kürzer (eine bis fünf Sekunden lang), Mädchen können den Orgasmus sogar **30 bis 40 Sekunden** wahrnehmen.

MUSS ICH »KOMMEN« ODER GEHT´S AUCH OHNE?

Der Orgasmus hat was mit dem Körper, aber auch viel mit der Seele zu tun. Viele Mädchen sind frustriert, wenn sie nicht sofort einen Orgasmus bekommen. »Ich hab jetzt schon öfter mit meinem Freund geschlafen, aber ich hatte noch **nie einen Orgasmus**. Stimmt da was nicht mit mir?« Auf diese Frage gibt es nur eine Antwort: Du bist voll normal! Dein Körper ist kein Automat. Er muss sich erst allmählich an deine Sexpower gewöhnen, auch die Hormone müssen stimmen, du solltest Vertrauen zu deinem Freund haben. Du musst dich sicher und geborgen fühlen, um dann auch beim Sex **richtig loszulassen** und abzugehen.
Die meisten Mädchen erleben ihren ersten Orgasmus, wenn sie sich selbst befriedigen. Da sind sie entspannt, locker, haben keinen Stress, können sich nach Lust und Laune streicheln. Und lernen dabei, wie ihr Körper auf Berührungen an

intimen Stellen (wie Busen, Scheide, aber vor allem am Kitzler) reagiert. Jungs geht es nicht viel anders. Auch sie kommen beim **Onanieren** oft zum ersten Orgasmus. Oder haben ihren ersten Samenerguss sogar im Traum.

Es ist noch kein Sexperte vom Himmel gefallen. Das heißt: Nicht jedes intime Erlebnis wird gleich der Hit sein. **Aber kein Problem!** Probier´s immer wieder. Wichtig ist, dass du Lust dazu hast und dich darauf einlässt. Sex, ob alleine oder mit deinem Freund, soll dir in erster Linie Spaß machen. Du sollst heiß darauf sein. Dann wirst du merken: Hoppla, da passiert was, da spür ich was, wenn ich mich selbst streichle oder wenn mein Freund mich überall berührt und küsst. Zuerst sind **deine Lustgefühle** vielleicht wie eine kleine Welle, die so dahinplätschert. Und irgendwann entsteht daraus eine riesige Lustwelle, die dich voll mitreißt ...

Beim Orgasmus ziehen sich die Muskeln in deinen Geschlechtsteilen **3 bis 15 Mal** zusammen. Das Zucken kommt ganz automatisch. Du musst dich gar nicht anstrengen – es passiert einfach. Und keine Sorge: Wenn du einen Orgasmus er-

lebt hast, weißt du das auch. Jungs haben beim Orgasmus meistens einen Samenerguss.

CHECK ES:

☞ **Spaß im Bett** kannst du auch ohne Orgasmus haben. Was zwischen dir und deinem Freund passiert, hat nämlich nicht nur was mit Sex zu tun, sondern auch mit Liebe.

☞ **Schalte beim Sex den Kopf aus.** Zu viele Gedanken blocken dich und deine Empfindungen.

☞ **Auch wenn deine** Freundinnen dir erzählen, wie toll und wie oft sie schon einen Orgasmus hatten – Lass dich davon nicht unter Druck setzen! Jedes Mädchen ist anders und erlebt ihren Orgasmus, wenn sie selbst so weit ist. Und ganz ehrlich. Manche Storys sind echt übertrieben oder auch geflunkert.

☞ **Je heftiger oder häufiger** du einen Orgasmus hast, desto größer die Liebe? Stimmt nicht! Der Orgasmus ist kein Liebesbarometer. Übrigens: Auch Jungs müssen nicht immer kommen!

☞ **Gemeinsamer Orgasmus:** Der allerhöchste Liebesbeweis? Vergiss den Stress! Du kommst, wann du kommst.

☛ **Es gibt Mädchen** (aber auch Jungs), die schreien dabei. Andere stöhnen nur leise oder sind total still. Manche fangen an zu reden, manche werden total rot dabei oder es rollen sogar ein paar Freudentränen. Einfach alles ist erlaubt und okay, solange du dich dabei gut fühlst und dir danach ist.

☛ **Orgasmus ist nicht** gleich Orgasmus. Du erlebst ihn meistens so, wie du dich gerade fühlst.

☛ **Orgasmus-Fake?** Warum eigentlich, du bist doch nicht in einer Sex-Show! Es soll Spaß und dich glücklich machen.

☛ **Die meisten Mädchen** kommen nicht nur durch den Geschlechtsverkehr zum Orgasmus. Besser klappt es, wenn der Kitzler zusätzlich massiert wird.

☛ **Willst du den** Orgasmus-Beweis bei dir? Dann leg einfach die Hand auf deine Scheide. Das Zucken und Pochen der »Liebesmuskeln« überträgt sich auf die Finger. Am besten gelingt das bei der Selbstbefriedigung.

DIE »PILLE DANACH«
Im Notfall sofort!

WAS IST DIE »PILLE DANACH«?

Die *Pille danach* ist eine Notfall-Verhütung. Das Präparat besteht aus zwei Pillen. Es enthält ähnlich wie die **normale Pille** Hormone, nur viel, viel stärker dosiert. Eine Verhütungspanne bedeutet höchste Alarmstufe. Deshalb muss die *Pille danach* sofort zum Einsatz kommen. Sie verhindert nämlich relativ sicher den Eisprung, die Befruchtung einer reifen Eizelle durch Samenfäden und somit eine ungewollte Schwangerschaft.

WIE SICHER IST DIE »PILLE DANACH«?

Allerspätestens 72 Stunden nach einem ungeschützten Geschlechtsverkehr solltest du die *Pille danach* genommen haben. Je eher, umso besser, da desto höher die Wirkung: **24 Stunden** nach einer Verhütungspanne wirkt sie zu 95 Prozent, nach zwei Tagen zu 85 Prozent, nach drei Tagen zu 58 Prozent. Also nicht lange überlegen, keine Ausreden! Ist bei der Verhütung was schiefgelaufen, geh zum **Hausarzt** oder Frauenarzt und lass dir die *Pille danach* verschreiben.

WANN BRAUCH ICH DIE »PILLE DANACH«?

☛ **Voll im Liebesrausch** und gar nicht an die Verhütung gedacht? Ganz schlecht, denn bei jedem Geschlechtsverkehr kann was passieren! Da hilft nur noch die *Pille danach*.

☛ **Verlass dich auf keinen Fall** auf dein Glück, wenn du feststellst, dass das Kondom abgerutscht, gerissen oder geplatzt ist, reagier sofort. Besorg dir die *Pille danach*, das ist ein absoluter Notfall. Du kannst schließlich schwanger werden, und das willst du garantiert nicht.

☛ **Hast du dich darauf** eingelassen, dass dein Freund beim Sex »aufpasst«? Ein großer Fehler! Schon ein Samenfaden genügt, um eine Eizelle zu befruchten. Und

ein paar Spermien schießen oft schon vor dem Samenerguss aus dem Penis. Auch dann ist die *Pille danach* angesagt.

Verhütest du mit der normalen Pille und hast eine vergessen, oder du hast drei Stunden nach der Einnahme Erbrechen bzw. Durchfall? Aufgepasst, der Verhütungsschutz ist dann nicht mehr sicher! Schläfst du nämlich dann mit deinem Freund und er verwendet kein Kondom, ist das ein Risiko. Lass dich nicht darauf ein. Und wenn doch, denk bitte daran: Es gibt die *Pille danach*.

WIE KRIEG ICH DIE »PILLE DANACH«?

Der Hausarzt oder Frauenarzt kann dir die *Pille danach* verschreiben. Mit dem Rezept gehst du in die **Apotheke**. Dort bekommst du sie, bis 18 Jahre kostenlos. Da übernehmen normalerweise die Krankenkassen die Kosten. Zwischen 18 und 20 Jahren musst du eine **Rezeptgebühr** von ungefähr 5 Euro bezahlen. Ab 14 Jahren kann der Arzt alleine entscheiden, ob er dir die Pille danach verschreibt. Und normalerweise tut er das, um eine ungewollte Schwangerschaft zu verhindern. Das heißt: Du brauchst also keine Erlaubnis der Eltern. Schläfst du mit deinem Freund ungeschützt am Wochenende, warte nicht bis Montag. In der **Notaufnahme** eines Krankenhauses bekommst du die *Pille danach* in den meisten Fällen auch.

WIE LANGE WIRKT DIE »PILLE DANACH«?

Du musst die *Pille danach* genau nach Anweisung des Arztes nehmen. Also die **beiden Pillen** auf einmal. Danach kann es manchmal zu Nebenwirkungen kommen wie Kopfschmerzen, Brustspannen, Zwischenblutungen, Übelkeit. Erbrichst du die *Pille danach* bis zu drei Stunden nach der Einnahme (was eher selten passiert), musst du dir das Präparat noch einmal besorgen.

Und nicht, dass du denkst, wenn du die *Pille danach* genommen hast, brauchst du bis zur **nächsten Periode** nicht mehr verhüten.

Falsch! Bis du wieder deine Tage bekommst, solltest du keinen Geschlechtsverkehr mehr haben oder dein Freund verhütet mit Kondomen. Verhütest du mit der normalen Pille, beginnst du am ersten Tag der nächsten Periodenblutung mit einer neuen Pillenpackung.

CHECK ES:

☛ **Die »Pille danach«** ist keine Abtreibungspille. Sie wirkt nämlich, bevor eine Schwangerschaft entsteht.

☛ **Hast du zu lange gewartet,** also länger als 72 Stunden, dann gibt es bis zu fünf Tagen nach einem ungeschützten Geschlechtsverkehr noch die Möglichkeit, dir beim Frauenarzt die Spirale danach einsetzen zu lassen.

☛ **Es gibt Medikamente,** die setzen den Verhütungsschutz der normalen Pille herab. Deshalb geh auf Nummer sicher und frag beim Arzt oder in der Apotheke nach, ob das bei deinem Medikament (falls du eines nimmst) der Fall ist.

NEWS IN SACHEN PILLE:
Interview mit der 24vier-Pille

ANTWORTEN AUF DEINE FRAGEN

❤ *Was ist anders an der 24vier?*

21 Tage die Pille nehmen und dann sieben Tagen Pause. Schluss damit, das war gestern! Bei der 24vier-Pille ist das anders. Das **24vier** heißt nämlich, da sind in einer Monatspackung 24 Pillen mit hormonellen Wirkstoffen und vier wirkstofffreie Pillen. Insgesamt also 28. Du nimmst täglich eine Pille, ohne Unterbrechung. So kommst du nicht aus der Übung und die Frage: »Wann muss ich eigentlich mit der nächsten Pillenpackung anfangen?«, fällt flach! Während du die vier wirkstofffreien Pillen einnimmst, kommt es zu einer Blutung.

❤ *Wird die Regel damit besser?*

Gut möglich! Mit einer längeren Einnahme der 24vier-Pille können Blutungen schwächer und kürzer werden. Und auch mögliche Monatsbeschwerden wie Unterleibs- und Kopfschmerzen, Aufgeblähtsein, Übelkeit oder Brustspannen können sich verringern oder sogar ganz verschwinden. Grund hierfür ist, dass der Körper kürzer auf Hormonentzug ist.

❤ *Ist sie gut für die Haut – also weniger Pickel?*

Die **24vier-Pille** enthält in 24 (und nicht wie sonst üblich in 21 Pillen) auch Drospirenon. Das ist ein hormoneller Wirkstoff, der sich positiv auf die Haut auswirken kann. Das könnte bedeuten: Mehr Drospirenon – weniger Pickelalarm!

❤ *Ist die neue Pille auch bei jungen Mädchen angesagt?*

Je weniger Hormone, desto besser! Das gilt vor allem bei jungen Mädchen, die mit der Pille als Verhütung starten. Das 24vier-Pillenpräparat enthält nur so viele Hormone, wie für eine sichere Verhütung notwendig sind.

❤ *Muss ich auch die 24vier-Pille regelmäßig nehmen?*

Absolut! Du solltest darauf achten, dass du auch diese Pille jeden Tag ungefähr zur gleichen Zeit nimmst. Hast du mal eine vergessen, dann hole die Einnahme unbedingt nach – und zwar innerhalb von 12 Stunden! Nur dann, und wirklich **nur dann**, ist der Verhütungsschutz gegeben. Wenn du dir unsicher bist und Zweifel hast, gibt es Kondome. Verlass dich in Sachen Verhütung **NIE** auf dein Glück!

Kann man damit auch mal eine Periode überspringen?

Das geht, wenn dir mal eine Monatsblutung gar nicht in den Kram passt. Vielleicht willst du ja in den Urlaub fahren und im Meer oder Pool schwimmen gehen. Dann nimmst du einfach die 24 wirkstoffhaltigen Pillen ein, lässt die **wirkstofffreien** Pillen weg und fängst ohne Unterbrechung mit einer neuen 24vier-Pillenpackung an.

Kann man von einer anderen Pille auf die 24vier-Pille wechseln?

Eigentlich kein Problem! Frag trotzdem deinen Frauenarzt. Er weiß, welches Pillenpräparat du vorher genommen hast und kann dir erklären, wie du den Pillenwechsel vornimmst.

Wie ist das mit der Lust auf Sex?

Lust auf Sex – damit hat die Pille eigentlich nichts am Hut! Da gibt es andere Faktoren, die die Lust schon viel mehr pushen: Liebe, Zärtlichkeit, Vertrauen, Fantasie, gut drauf sein und sich wohlfühlen ... Und wenn du dich selbst sexy und schön findest, dich geliebt und begehrt fühlst, klappt das Liebemachen!

PORNO – HEISSE BETTSZENEN
Ganz cool vor laufender Kamera

SEX IM DETAIL UND OHNE TABUS!

Pornos sind Filme, Videos, Bilder oder auch Erzählungen, bei denen es eindeutig **nur um Sex** geht. Es werden weibliche, männliche Geschlechtsteile und Geschlechtsverkehr gezeigt, abgebildet oder im Detail beschrieben. Übrigens: Das Wort Porno oder Pornografie kommt aus dem Lateinischen und bedeutete ursprünglich »Huren-schrift«. *Porna*, das war im alten Rom ein **von Huren** aufgeführtes Schauspiel. Im antiken Griechen-land gab es das Wort *porne* für Dirne und *porneia* für Unzucht.

NUR WAS FÜR ERWACHSENE?

Vielleicht hast du´s schon mal gesehen: In Talkshows treten oft Männer und Frauen auf, die als Beruf Pornodarsteller/in angeben. Das heißt, sie verdienen ihr Geld damit, dass sie **vor der Kamera** Sex haben. Was gezeigt wird, ist kein Fake, sondern echter Sex in allen möglichen Variationen. Um Liebe und Zärtlichkeit geht es dabei nicht. Diese Pornofilme werden dann in Sexshops verkauft oder man kann sie in Videotheken ausleihen. Nur Erwachsene kommen eigentlich an diese Videos ran, denn an Jugend-liche **unter 18 Jahren** ist es vom Gesetz her verboten (§ 15/2 des Jugendschutzgesetzes), solche Fil-me zu verkaufen oder zu verleihen. Dasselbe gilt auch für Pornohefte.

WARUM STEHEN JUNGS DARAUF UND MÄDCHEN WENIGER?

Jetzt denkst du dir vielleicht, von wegen, die Jungs in der Schule oder in meiner Clique reden doch davon, dass sie sich schon mal so **einen Porno** angesehen haben und die sind garantiert noch nicht erwachsen. Okay, da hast du recht. Jungs sind natürlich besonders neugierig und wenn sie wollen, kommen sie auch an Porno-DVDs oder Pornoheftchen ran, oder sie gehen ins Internet und schauen sich dort **Sex- und Pornoseiten** an. Was bei Mädchen oft Kopfschüt-teln, Ekelgefühle und Verständnis-losigkeit erzeugt – Jungs finden Pornos cool, heiß und aufregend. Warum das so ist? Eine Erklärung dafür ist bestimmt, dass Mädchen romantischer sind und bei ihnen Liebe und Sex meistens zusammen-gehören. Sie träumen in erster Linie von der großen Liebe und sind mit **Herz und Seele** dabei, wenn sie sich für einen Menschen interes-sieren. Sie wollen Schmetterlinge im Bauch haben. Nur Sex, das ist ihnen einfach zu wenig. Mädchen finden Pornos eher unangenehm, ihre **sexuelle Fantasie** wird dadurch weniger angeregt und sogar manchmal eher abgetörnt. Natürlich kommen auch in vielen Liebesfilmen Bettszenen oder Nacktszenen vor. Und in **Musik-**

videos geht es gelegentlich auch ganz heftig zur Sache. Aber das ist alles nur Show. Und da gibt es ja auch noch die Porno-Rapper. So nennt man die Jungs, die in ihren Songs **kein Blatt** vor den Mund nehmen. In den Songtexten geht´s nur um das Eine. Ihre Fangemeinde finden die Songs jedenfalls geil.

CHECK ES:

☞ **Sexy Fotos** sind nicht gleich Pornobilder. Deshalb können Männermagazine wie z. B. der Playboy auch ab 16 Jahren gekauft werden. Richtige Pornomagazine liegen in den Zeitschriftenläden nicht aus und dürfen erst ab 18, also an Erwachsene, abgegeben werden.

☞ **In Aufklärungsbüchern** werden auch Geschlechtsteile gezeigt. Aber das was anderes!
Da wird gezeigt, wie der Körper eines Mädchen oder Jungen aussieht. Das sind Bilder, die du auch in medizinischen Büchern findest. Aufklärungsbücher wollen informieren und nicht anmachen.

☞ **Jungs reden** über Pornos oft nur so locker, weil sie sich wichtig machen und voll cool drauf sein wollen. Angeben wollen sie, vor allem in der Clique, wenn die Kumpels dabei sind. Da behaupten Jungs schon mal was, das nicht immer stimmt. Schließlich will man ja kein Außenseiter sein, oder?

DIE GANZ SCHNELLE SEXNUMMER
Der Quickie

RUCKZUCK GEHT´S ZUR SACHE!

Quick heißt übersetzt »schnell«, und die **schnelle Nummer** beim Sex nennt man deshalb auch *Quickie*. Ruckzuck geht es zur Sache und in Rekordzeit ist es dann auch wieder alles vorbei. So ein **Quickie** dauert schließlich nur ungefähr zwischen 30 Sekunden bis fünf Minuten. Da bleibt keine Zeit für

Liebesgeflüster, für Küssen, Streicheln und Fummeln. In **rasender Geschwindigkeit** geht´s zur Sache, sogar so schnell, dass oft die Zeit fehlt, sich auszuziehen. Das ist Sex, als hättest du die Schnelldurchlauftaste gedrückt. Im Aufzug, im Auto, im Wald, am Strand, unter der Dusche, auf der Toilette ... Dort findet die heiße Tempo-Nummer oft statt.

JETZT ODER NIE?

Zu deiner Info: Sex entsteht zuerst im Kopf. Bevor also überhaupt was in Sachen Sex läuft, muss der Wunsch, die Fantasie, der Gedanke oder ein Reiz da sein, der die Lust auslöst. Dann werden im Körper Sexualhormone produziert und das **große Kribbeln** kann beginnen. Stell dir das mal so vor: Du hast eigentlich gar keinen Hunger, aber dann gehst du an einer Konditorei vorbei und siehst einen ganz besonders leckeren Kuchen. Und schon bekommst du Appetit, ihn zu verspeisen. Beim Quickie passiert dieser Reiz auch, es macht Klick, man wird spontan von einer **gigantischen Lustwelle** überflutet und hat das Bedürfnis, schnell zur Sache zu kommen. Jungs wollen

dann Mädchen vernaschen und Mädchen Jungs. Es stellt sich natürlich immer noch die Frage: Will ich diesem **starken Lustgefühl** auch sofort nachgeben? Kann ich es gar nicht mehr abwarten? Muss es unbedingt sofort und jetzt sein? Ist das der richtige Ort und die richtige Zeit?

DIE SCHNELLE NUMMER – AUCH WAS FÜR VERLIEBTE PÄRCHEN?

Der Quickie muss nicht wie ein One-Night-Stand eine einmalige Sache sein. Der Quickie ist so was wie **Sex für zwischendurch,** auch bei Pärchen, die schon länger zusammen sind, voll verliebt sind und sich sonst im Bett länger Zeit lassen. Du kannst es so vergleichen: Manchmal hast du vielleicht einen Heißhunger auf Fastfood, du besorgst dir schnell einen Hamburger, du isst ihn und bist erst mal satt. Im Gegensatz dazu gibt es das romantische **3-Gänge-Menü.** Da kommt die Lust erst richtig beim Essen. Darauf, nämlich auf das volle Verwöhnprogramm, stehen Mädchen meistens eher. Denn sie kommen generell langsamer in Fahrt als Jungs und wollen vor allem spüren, fühlen, träumen, sich fallen lassen, mit allen Sinnen genießen und sich deshalb beim Liebesspiel alle Zeit der Welt lassen. Allerdings kann ein Quickie auch **sehr leidenschaftlich,** aufregend und abenteuerlich sein. Wenn´s Spaß macht – warum nicht! Ob die schnelle Nummer was für dich ist, das kannst du nur selbst herausfinden.

CHECK ES:

☞ **Stehst du nicht auf Quickies,** sondern auf Liebesspiele ohne Timelimit? Das ist voll in Ordnung! Will also ein Junge bei dir zu schnell zur Sache kommen und du hast keine Lust darauf, dann sag Stopp. Und keine Sorge: Er hat auch noch später Lust, wenn ihr endlos Zeit füreinander habt.

☞ **Mädchen kommen** nicht so schnell auf Touren. Deshalb ist die Ruckzuck-Nummer nicht absolut so ihr Ding. Wenn die Scheide noch nicht richtig feucht ist, tut´s weh und Spaß macht Sex dann wirklich nicht. Trotzdem: Manchmal ist die Sehnsucht einfach so groß und die Leidenschaft so heftig – und zwar auch bei Mädchen. Das ist unter anderem auch Temperamentssache, wie lange sie den Jungen schon kennen, wie alt sie sind und welche Erfahrung sie in Sachen Sex schon haben.

☞ **Wenn ein Junge** zu schnell kommt, dann ist das ein vorzeitiger Samenerguss, denn eigentlich wollte er ja viel länger. Mit einem echten Quickie hat das nicht unbedingt was zu tun, denn da ist ja von vornherein klar: Der Sex dauert nur kurz.

☞ **Verhütung?** So viel Zeit muss sein! Denn schwanger kannst du ungeschützt auch beim Quickie werden. Also auch bei aller Leidenschaft und Lust gut aufpassen, ob das Kondom auch richtig drauf ist. Wenn nicht, zieh die Notbremse. Es genügt schließlich nur ein Samenfaden, um schwanger zu werden.

☞ **Beim engen Tanzen** auf Partys oder in der Disco passiert´s schon mal: Der Junge ist erregt und bekommt ein steifes Glied. Das ist nicht unbedingt gleich ein Zeichen, dass er sofort Sex haben möchte. Sein Penis reagiert eben fast von selbst auf engen Körperkontakt. Das ist Jungs sogar peinlich, denn so deutlich wollen sie nicht immer, dass ein Mädchen mitbekommt, was los ist. Vor allem dann, wenn sie bei ihrer Favoritin zum ersten Mal auf Tuchfühlung gehen.

PYJAMA AN, LICHT AUS, AUGEN ZU …
Was dir deine Sexträume verraten!

TRÄUME SIND SCHÄUME!

Ein heißer Flirt mit deinem absoluten Lieblingsstar, Leidenschaft pur mit deinem Soap-Favoriten, Sex mit einem Jungen aus deiner Schule oder du gehst nackt wie ein Topmodel über den Laufsteg? Hallo, in **welchem Film** bist du jetzt gelandet? Es ist Nacht, du liegst kuschelig unter deiner Bettdecke, hast die Augen zu und in deinem Kopfkino passieren Geschichten, die sind so spannend, aufregend und sexy. Vorsicht, dass du nicht noch im Schlaf rot anläufst! Träume sind ein bunter Mix aus Gefühlen, Sehnsüchten, Fantasien, Wünschen und Szenen aus dem wirklichen Leben. Nur **ein bis zwei Mal** pro Woche erinnert man sich an das, was im Schlaf so passiert. 78 Prozent der Traumstorys verschwinden und du weißt am nächsten Morgen nichts mehr davon. Manchmal echt schade, oder?

DER TRAUM VOM TRAUMTYP

Liebes- und Sexträume sind was ganz Normales. In der Pubertät,

also dann, wenn du dich vom Mädchen in eine junge Frau verwandelst, kreisen **deine Vorstellungen** verstärkt um das Thema Jungs. Und diese Gedanken verschwinden nicht einfach so oder lösen sich in Luft auf, nur weil du schlafen gehst. Im Gegenteil, gerade dann hat dein Gehirn Zeit und Muße, sich damit zu beschäftigen, was dir so im Kopf rumspukt.

Viele Mädchen fragen sich: »Warum träume ich von einem Jungen, den ich eigentlich gar nicht so super finde?« Nun, vielleicht empfindest du wirklich nichts für diesen Typ. Der Traum will dir dann nur sagen, dass du anfängst, dich fürs andere Geschlecht zu interessieren. Oder ist ER dir vielleicht doch nicht so egal und du blockst **deine Gefühle** nur ab? Denk mal darüber nach! Der Traum könnte ja ein versteckter Hinweis sein, dass da doch was zwischen euch laufen könnte.

ALBTRAUM ODER WIRKLICHKEIT?

Dein Freund liegt mit einem andern Mädchen im Bett … Für

dich ein Albtraum! Auch Ängste tauchen plötzlich in Träumen auf. Wenn du so was träumst und am nächsten Morgen **schlecht gelaunt** und schweißgebadet aufwachst, dann nimm bitte nicht automatisch an, dass das auch in der Realität so ist. Für deine Träume kann dein Freund nichts. Also: In so einem Fall Ruhe und einen kühlen Kopf bewahren. Und nicht stinkig auf ihn sein. Dein Freund weiß nicht, was los ist. Damit so ein **böser Traum** nicht so schnell wiederkommt, denk vor dem Einschlafen an deinen Herzbuben.

HEISSE TRÄUME – EIN HIGHLIGHT DER GEFÜHLE

Heiße Liebesszenen im Schlaf ... Wachst du mitten drin in diesem Traum oder kurz danach auf, hast du vielleicht das Gefühl, dass du sexuell erregt bist. Das ist nichts Schlimmes. Wenn du schläfst, ist **dein Körper** nicht ausgeschaltet. Sex entsteht zuerst im Kopf und gibt die Signale automatisch an deinen Körper weiter – auch wenn du schläfst. Genauso wie Jungs im Schlaf einen Samenerguss haben können, können auch Mädchen im Traum einen Orgasmus erleben.

Was dir das Kopfkino in der Traumfabrik in Sachen Liebe verrät:

♥ *Du siehst dich total nackt:* Hast du ein Geheimnis? Willst du was verbergen? Könntest du bei einer Lüge ertappt werden? Überleg dir, ob es nicht besser ist, fair zu bleiben.

♥ *Du räkelst dich in einem Bett voller Rosenblätter:* Du vertraust deinem Freund und sehnst dich nach Zärtlichkeit. Romantischen Stunden zu zweit steht eigentlich nichts mehr im Weg.

♥ *Du küsst einen fremden Jungen:* Dein Traumboy ist dir schon ziemlich nah. Bleib jetzt relaxt, dann kriegst du mit, welcher Junge dir Liebessignale sendet.

♥ *Dein Ex spukt durch deine Träume:* So richtig ist er noch nicht aus deinem Herzen verschwunden. Also klär die Sache, sonst erscheint er dir noch öfter im Traum, als dir lieb ist. Träum lieber von einem neuen Schwarm!

♥ *Du liebkost deine »kleine Freundin«:* Du findest deinen Körper toll. Es macht dir Spaß, eine junge Frau zu sein. Hast du Lust, dich selbst zu streicheln? Probier´s doch einfach mal aus!

♥ **Du trägst voll das sexy Outfit:**
Bekommst du zu wenig Aufmerksamkeit von den Jungs? Ändere deine Strategie, sei nicht schüchtern

♥ **Du hast Sex:** Voll das auf aufregende Gefühl. Dein Körper ist bereit. Es kann also gar nicht mehr so lange dauern, bis du dich wirklich bereit fühlst, mit deinem Freund ins Bett zu gehen.

ANHEIZEN, VORGLÜHEN UND VERNASCHEN
Beim Vorspiel geht die Lust an den Start!

Nach dem ersten Gang ist noch nicht Schluss! Kennst du Kochshows? Dann weißt du, da wird nicht nur ein Gang zubereitet, sondern Vorspeise – Hauptgang – Dessert. So ähnlich ist es auch beim Liebesspiel. Ein Pärchen startet mit dem Vorspiel. Meistens jedenfalls. Also nicht husch, husch ins Bett und miteinander schlafen. Hoppla, das geht doch viel zu schnell! Das ist ja wie Fastfood. Da gibt es doch noch was, das erst so richtig Appetit auf Sex macht.

DU STARTEST IN GEDANKEN DIE SCHMETTERLINGE

Das Vorspiel beginnt nicht immer erst dann, wenn du deinen Freund siehst. **Die Lust auf ihn** kann sich auch schon einstellen, wenn du nur an ihn denkst, wenn du dich nach ihm sehnst, wenn du mit ihm am Handy sprichst oder ihm eine **supersüße SMS** schreibst. Aufgepasst! Kribbelts da schon? Und wenn du dann mit ihm tanzt, seine Nähe spürst, seinen Geruch einatmest, ihm tief in die Augen schaust oder Liebeserklärungen von ihm ins Ohr geflüstert bekommst. Sind da nicht schon die Schmetterlinge im Bauch am Start?

KUSCHELN UND KÜSSEN MACHT DICH HEISS

Wenn ihr alleine seid, wird´s dann vielleicht schon intimer. Du kuschelst dich in seine Arme, du fühlst dich **bei ihm geborgen** und glücklich. Das heißt, du vertraust ihm. Das erzeugt bei dir ein Glücksgefühl, und du wirst lockerer und entspannter. Heiß machen dich auch seine Küsse. Willst du mehr, dann ist mit **dem Vorspiel** noch nicht Schluss. Dann geht das Verwöhnprogramm weiter: Zärtliche Berührungen auf deiner Haut sind was Wunderbares, es gibt dir das Gefühl, schön und begehrt zu sein. Es macht dich frei, entspannt, locker und es setzt in deinem Kopf Glückshormone frei. Dein Körper ist dann **voll auf Liebe** eingestellt. Du kannst es genießen, wenn dein Freund dich mit seinen Händen und seinen Lippen erforscht, an Busen, Bauch und Po, einfach überall. Schließ die Augen, lass dich darauf ein, lass dich fallen und überraschen.

SÜSSE VERSUCHUNG – VERNASCHEN ERLAUBT!

Kleider runter und dann schnell unter die Bettdecke ... Von wegen! Stell dir mal vor, du bist eine Praline, die ganz langsam und mit viel Fingerspitzengefühl ausgepackt wird. Da könnte es zwischen dir und deinem Freund heftig knistern. Schlecken, lecken und verspeisen, je langsamer es passiert, desto intensiver ist **das Gefühl** und du hast Zeit, dich darauf einzustellen. Wer weiß, vielleicht wirst du dabei auch ungeduldig und willst mehr. Ungeduld erzeugt Spannung, bei dir und auch bei deinem Freund. Also lass dir Zeit – lasst euch alle Zeit der Welt. Hektik beim Liebesspiel bringt´s nicht. Du hast nichts davon, wenn du verspannt bist. Ganz ehrlich, da hast du **keinen Spaß** und dein Freund hat auch nichts davon, wenn du nur ihm zuliebe was mit dir geschehen lässt, wozu du keine Lust hast.

VOLL AUF LIEBE EINGESTELLT – GEHST DU AUFS GANZE?

Beim Vorspiel merkst du, dass du immer erregter wirst, dass **deine Lust** sich steigert, dass deine Scheide feucht wird, dass es so weit ist. Du sehnst dich nach mehr, du willst deinen Freund ganz und gar spüren. Dein Körper öffnet sich, um dann mit ihm zu schlafen.

CHECK ES:

☛ **Lass dich im Bett** von deinem Freund verwöhnen. Oder willst du lieber bei ihm spielen? Alles ist erlaubt! Es gibt kein bestimmtes Programm, wie ihr euch heiß-macht. Ihr tut das, was euch beiden Spaß macht! Und kommt ihr auf neue Ideen, probiert sie doch einfach mal aus!

☛ **Jungs wollen nur das Eine,** da geben sie oft viel zu schnell Gas. Die meisten Mädchen ticken da an-ders. Sie kommen auf Touren, aber nicht von einer Sekunde auf die andere. Deshalb: Gib ihm Bescheid, wenn er einen Gang zurückschal-ten soll.

☛ **Nackte Tatsachen** – das Vorspiel beginnt erst, wenn die Hüllen gefallen sind. Von wegen! Fummeln ist auch angezogen ein Luststarter.

☛ **Im Bett gelandet?** Dann ist Vorspiel gleich Petting. Da ist so ziemlich alles erlaubt. Und seid ihr richtig angeheizt, ist das Vorspiel vielleicht zu Ende, aber dann geht es ja noch weiter.

☛ **Wenn ihr euch überall** streichelt oder küsst, ist es wichtig, dass ihr euch frisch fühlt. Unange-nehmer Körpergeruch killt so gut wie jede Lust. Gemeinsam duschen oder baden – auch das kann Vorspiel sein.

☛ **Im Dunkeln ist gut munkeln!** Bei Kerzenlicht oder im Dunkeln fühlst du dich vielleicht weniger nackt. Da sieht man(n) deine kleinen Fehler nicht. Da hast du ein besseres und sicheres Gefühl und kannst entspannter genießen.

☛ **Spiel deinem Freund** nichts vor! Hast du keine Lust, dann sag Bescheid! Auch wenn er sich beim Vorspiel viel Mühe gibt, nicht im-mer kannst du den Kopf ausschal-ten. Und wenn du Stress hast oder mit deinen Gedanken woanders bist, läuft eben nichts. Das ist ganz normal!

☛ **Weißt du,** wo bei dir die ganz speziellen Knöpfe sind, die dein Freund drücken muss, damit bei dir das große Kribbeln einsetzt? Verrat ihm doch dein kleines Geheimnis!

Übrigens: 18 Minuten – so lange nehmen sich deutsche Pärchen durchschnittlich Zeit fürs Vorspiel. Das hat eine Studie ergeben. Aber wer sagt denn, dass ihr nicht re-kordverdächtig lange auf Streichel-kurs geht? Nur keine Hektik!

LIEBES-ABC

Impressum

➤ Über die Autorin

Eva Zimmer studierte Sozialpsychologie und Sexualpädagogik in Regensburg und München. Sie arbeitete jahrelang im Dr.-Sommer-Team der BRAVO. Nach der Geburt ihrer Tochter Anna wechselte sie zu BRAVO GIRL! und ist dort verantwortlich für die Beratungsseiten und die Telefonsprechstunde.

© 2009 by Südwest Verlag, einem Unternehmen der Verlagsgruppe Random House GmbH, 81637 München.

➤ Hinweis

➤ Projektleitung und Redaktion:
Isabella Kortz und Dr. Harald Kämmerer

➤ Layout: Regina Bocek

➤ Satz und DTP: Daniela Höhn

➤ Illustrationen und Umschlaggestaltung:
Christian Weiß

➤ Herstellung: Reinhard Soll

➤ Druck und Bindung: GGP Media, Pößneck

➤ Printed in Germany

ISBN: 978-3-517-08478-7
9817 2635 4453 6271

Verlagsgruppe Random House FSC-DEU-0100
Das FSC-zertifizierte Papier Munken White für dieses Buch liefert Arctic Paper, Munkedal.

FSC

Mix
Produktgruppe aus vorbildlich bewirtschafteten Wäldern und anderen kontrollierten Herkünften

Zert.-Nr. SGS-COC-1940
www.fsc.org
© 1996 Forest Stewardship Council